D

I0128793

33251.

LE CHRÉTIEN
PARFAIT
HONNÊTE-HOMME,
OU
L'ART D'ALLIER LA PIETE'
AVEC LA POLITESSE,
ET LES AUTRES DEVOIRS DE LA VIE CIVILE,

Ouvrage qui interesse tout le monde, où l'utile est revêtu de l'agréable, & où la fiction poëtique sert de canal à la verité.

Par M. l'Abbé DUPREAUX, Gradué en Théologie.

TOME PREMIER.

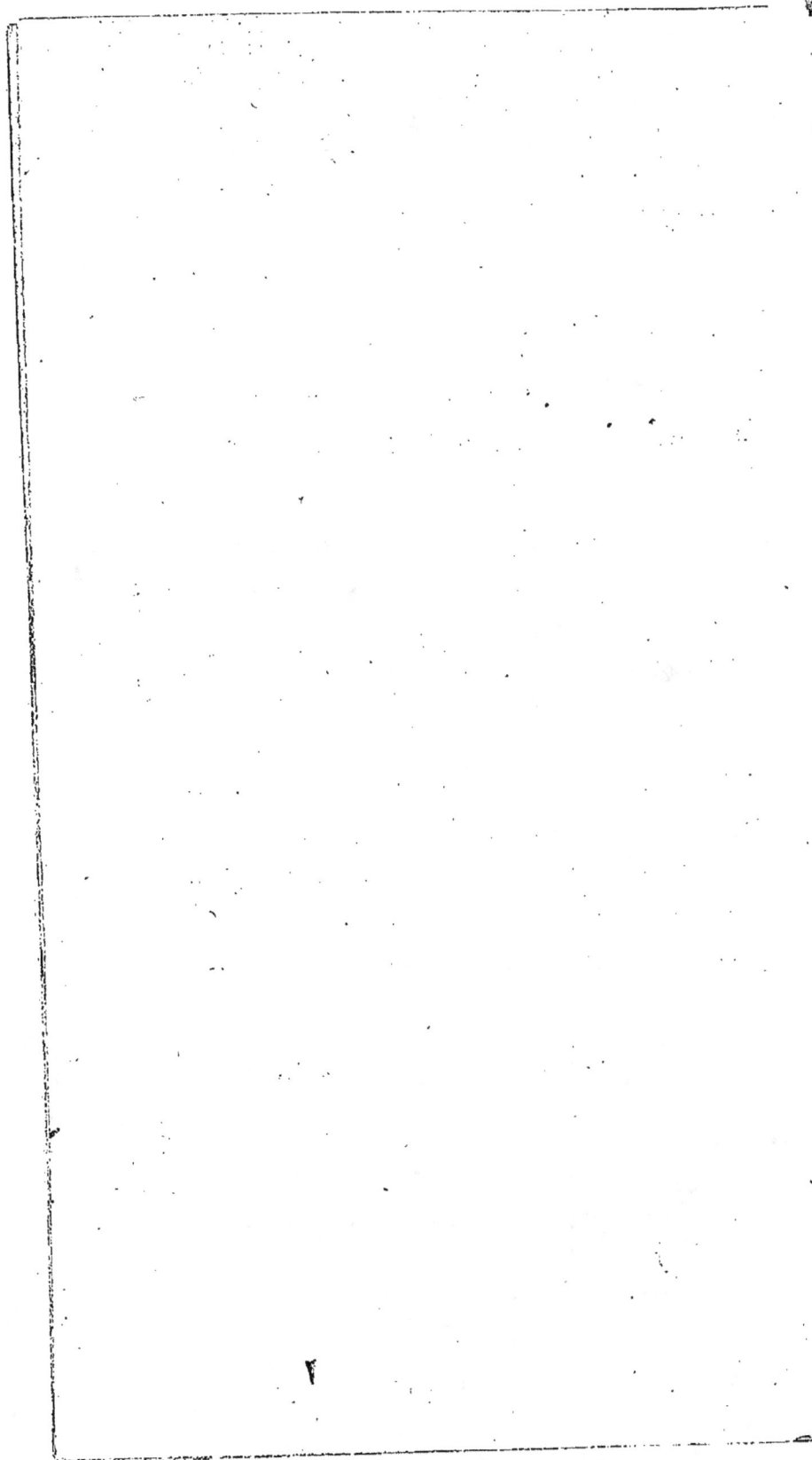

LE CHRÉTIEN PARFAIT HONNÊTE-HOMME,

OU L'ART D'ALLIER LA PIETÉ AVEC LA POLITESSE,

ET LES AUTRES DEVOIRS DE LA VIE CIVILE,

Ouvrage qui interesse tout le monde, où l'utile est revêtu de l'agréable, & où la fiction poëtique sert de canal à la verité.

Par *M. l'Abbé DUPREAUX*, *Gradué en Théologie.*

TOME PREMIER.

A PARIS,

Chez
{
VALLEYRE, rue saint Severin, à l'Annonciation.
HUART & MOREAU fils, Libraires & Imprimeurs de la Reine & de Monseigneur le Dauphin, rue S. Jacques, à la Justice, & au grand saint Basile

M. DCC XLIX.

Avec Approbation & Privilege du Roy.

AU ROY

DES

ROIS.

LES prémices du cœur sont dûes à Dieu : Verité conſtante : les prémices de l'eſprit ne lui ſont-elles pas également dûes ? JE-SUS-CHRIST, vrai Dieu & vrai Homme, maître de l'Univers, Roi des Rois, Souverain des Souverains, daignez agréer le premier des Ouvra.

ges que j'expose aux yeux du Public. Son Titre, Le Chrétien parfait honnête-homme, ne m'invite-t'il pas, *DIVIN REDEMPTEUR*, à vous en faire la religieuse offrande ? Je le confacre donc, avec mon cœur & tout mon être, à la gloire de votre faint Nom. Puisse-t-il contribuer à l'accroissement de votre culte, & de votre amour dans les cœurs des Chrétiens vos disciples, vos créatures. Puisse-t'il fervir à étendre le vrai culte & la vénération pieuse que l'on doit à la Reine des Saints, votre très-digne Mere. Tels font mes vœux les plus ardens.

D. P. R. X.

AVERTISSEMENT

IL en est des Ouvrages d'esprit comme des travaux & des opérations des mains. Il se fera toujours de nouveaux bâtimens, de nouveaux défrichemens, de nouvelles manieres d'habits. Il se fera de même toujours de nouveaux Livres, de nouveaux Ecrits, & de nouvelles productions de l'esprit humain paroîtront toujours dans le Public (a)

(a) *Faciendi plures libros, nullus est finis.* Ecclef. 12. 12.

a iiij

Dans une Forêt, on voit de vieux arbres qui tombent en caducité ; il en eſt d'autres, qui ſont dans une vigueur, ſi l'on peut ici uſer de ce terme, pleine & parfaite. On en remarque d'autres qui ſont jeunes, qui commencent à s'élever, qui promettent : les uns remplacent les autres, les jeunes ſuccedent aux vieux ; ſans cette maniere de ſucceſſion, la Forêt viendroit à perir tôt ou tard.

Si dans la République des Lettres, il ne ſe paſſoit pas quelque choſe de ſemblable, que deviendroient les

beaux Arts, les belles connoiſſances, les ſciences utiles & neceſſaires ? Tôt ou
tard elles tomberoient, elles s'éclipſeroient, elles ſe-
roient bannies de notre eſ-
pece, ſinon en entier, du
moins en grande partie. Si
depuis long-temps perſon-
ne n'écrivoit plus, & que
les anciens Livres fuſſent
toujours les ſeuls, qu'on pût
lire; quel dégoût, quel ennui dans ces lectures toujours les mêmes, toujours
uniformes, toujours ſem-
blables! la nouveauté plaît,
ſur-tout à notre Nation. Le
goût de la nouveauté dans

le titre d'un Livre, dans son
stile , dans la distinction &
la distribution de ses parties, dans les tours de phra-
ses & de pensées , quel-
quefoîs même dans les termes & les expressions ; le
goût, dis-je, de la nouveauté, répandu dans ces diffe-
tens objets, réveille l'apétit
du Lecteur, excite & soû-
tient son attention, rapelle
son ardeur à lire, & par-là,
l'instruit de ce qu'il ignore,
l'éclaircit dans ce qu'il ne
sçait qu'à demi ; le décide
dans ses perplexitez, donne
de l'étendue à ses lumieres,
à son imagination, à son es-

prit : fans ce goût nouveau, il auroit été privé de tous ces avantages. Ce qui eft ufé, loin de plaire, déplaît ; ce qui eft ufité ne fait plus d'impreffion (*a*) ; mais le nouveau réveille, éguife la curiofité, & met en mouvement les refforts de l'efprit. Je le fçai, il eft des exceptions à cette regle : certaines chofes, quoiqu'anciennes, font toujours nouvelles, certaines penfées nobles & fublimes, certaines expreffions riches, certains Ouvrages perfection-

_____

(*a*) *Ab affuetis non fit paffio.* Effat. Philofoph.

nés à loifir , certains Livres du premier rang , comme la fainte Bible , les Ecrits des Auguftins , des Jerômes , des Ambroifes , des Leons , des Thomas d'Aquin......
Tout cela ne vieillit point ; ces Ouvrages excellens font toujours nouveaux , quoiqu'anciens ; ils ont plû , & ils plairont toujours.

Mais ce n'eft pas là le grand nombre. La plûpart des Livres & des Ouvrages anciens ne font plus du goût du fiécle préfent. Le nouveau goût méprife l'ancien. Les modes nouvelles font tomber les anciennes , avec

empire. En tout, ou pref-
que en tout, ce qui eft nouveau faifit, plaît & domine.

En conféquence de tou-
tes ces réflexions qui paroif-
fent vrayes, le Public ne
trouvera pas mauvais que
l'Auteur ait conçû un deffein nouveau, tel que ce-
lui-ci, & une nouvelle maniere de l'exécuter, telle
qu'on pourra la remarquer
dans le cours de l'Ouvrage.
Ce n'eft pas par un efprit de
vanité, ou d'une fingularité
affectée qu'il s'eft propofé
ce but, & qu'il a tenu cette
route pour y parvenir. C'eft
plutôt afin de plaire au Pu-

blic, pour lui être utile ; afin d'être utile aux hommes, pour plaire à Dieu.

Les Livres de pieté font d'orninaire férieux & graves, dans leurs leçons & dans leurs inftructions avantageufes. L'agréable, le joyeux s'y trouve rarement de la partie : De-là, le peu d'envie de les lire, le peu de goût en les lifant, & la hâte exceffive à finir une lecture qui pefe.

Pour obvier à cet inconvénient, qui n'eft pas un petit obftacle au bien des lectures pieufes, l'Auteur a crû devoir unir l'agréable

avec l'utile ; le joyeux avec
le férieux ; l'agrément avec
la folide & fincere pieté :
Perfuadé , avec un fameux
& ancien Auteur , que le
vrai fecret pour réuffir parfaitement dans un Ouvrage,
pour s'attirer les fuffrages
du Public, & par cette voye
atteindre au but de lui être
utile ; c'eft de mêler les douceurs de l'agrément avec les
fruits du bien , de l'utilité ;
(*a*) c'eft même là le moyen,
felon la penfée d'un Auteur
moderne , connu par plu-
fieurs Ouvrages (*b*) , de pro-

(*a*) *Omne tulit planctum , qui mif-*
cuit utile dulci. Horat. de art: poet.
[*b*] M. d'Ablancourt.

curer à un Ouvrage naiſ-
ſant une longue ſuite d'années ; & ſi l'on peut ainſi
s'exprimer , une vieilleſſe
des plus heureuſes.

Ce que nous avons penſé
devoir faire, nous nous ſommes efforcés de le mettre en
exécution , nous avons tâché de joindre le doux &
l'agréable, avec l'utile & le
bon. Mais l'avons-nous fait
réellement ? Avons-nous
réuſſi dans notre projet ? Le
Public en jugera , il en dé-
cidera ; les Lecteurs ſont ici
les Juges compétans. Ce que
nous pouvons dire ſans
bleſſer les Loix de la modeſtie

deſtie & de la verité , c'eſt ,
que le deſſein & le titre du
Livre a plû à toutes les perſonnes qui en ont eu con-
noiſſance , & que le ſtile de
narration & de converſa-
tion qui regne dans cet Ouvrage , n'a pas deſagréé à
ceux qui y ont jetté les
yeux. On pourroit même
aſſûrer qu'il a été de leur
goût , qu'il a excité leur cu-
rioſité , & fixé leur attention.

Je n'ignore pas que cette
maniere d'écrire en façon
de converſation n'eſt pas
tout-à-fait nouvelle. Made-
moiſelle de Scudery , M. de

Tome I. b

la Caillere entr'autres ont
écrit dans ce goût-là ; mais
ce n'eſt point en fait de pieté & de ſçavoir-vivre. Dans
cette matiere, ce ſtile eſt
tout nouveau. D'ailleurs ,
bien qu'une façon d'écrire
ou d'operer ait paru deux
ou trois fois , un peu plus
ſi l'on veut , elle ne laiſſe
pas d'avoir les graces de la
nouveauté, ainſi qu'une mo-
de , en fait d'habit & d'a-
juſtement , eſt encore cen-
ſée nouvelle , quoique quelques perſonnes (en petit
nombre) l'ayent adoptée.
J'avoue que le ſtile de Dia-
logue, de ſimple Entretien

entre deux ou trois perfon-
nages, eſt plus commun ; il
eſt ancien, & aujourd'hui il
eſt en uſage à l'excès ; mais
celui de Converſation (qui
eſt le nôtre) & de Converſations reglées & ſuivies,
telles qu'on les fait dans les
Compagnies d'honnêtes
gens, & dans les Académies
des Sciences & des Belles
Lettres, loin d'être com-
mun, il eſt rare ; loin d'être
ancien, il eſt nouveau ; loin
de dégoûter, il deſennuye,
& il donne à l'Ouvrage, de
certains traits de reſſem-
blance à ces, Poëmes an-
ciens qui ont plû, & qui plairont toujours. b ij

Les Converſations, dont l'Ouvrage eſt compoſé , & dont l'Abbé Au-Vrai eſt le narrateur , ſont au nombre de vingt. Le premier Volume en comprend dix , le deuxiéme autant. La Poëſie y eſt de tems en tems alliée avec la Proſe. On a crû que l'agrément & le fruit du Livre pourroient par ce moyen en être plus grands. La fin même , & comme l'épilogue de l'Ouvrage eſt en grands vers ſuivis , dans leſquels les maximes principales répandues dans le corps du Livre , ſont renfermées en précis. Il paroît que les jeunes éleves à qui leurs Maîtres ordonne-roient de les apprendre, mot pour mot, & par fens, pour-roient mille fois dans le cours de leur vie , s'en fer-vir avec fruit. Cette piece de Poëfie eft comme la quinteffence & l'elixir de tout l'Ouvrage.

Dans la premiere Con-verfation , on expofe au long , l'idée du Chrétien & de l'honnête-homme. Dans la deuxiéme , on montre avec étendue, la néceffité de ces deux titres , de ces deux qualitez avantageufes. Dans la troifiéme & dans toutes

les autres , on parle des
moyens propres & effica-
ces pour se procurer ces
deux bonnes qualitez , si on
ne les a point ; ou pour s'y
maintenir & s'y perfectionner , si on les possede : Un
moyen presque impercep-
tible répandu par tout, c'est
la pieté & la politesse exposées aux yeux du Lecteur,
comme mises en exercice
par les Personnages em-
pruntés.

Persuadé que la varieté
plaît , l'Auteur s'est étudié à la procurer à son
Ouvrage. Il s'est de même
étudié à rapporter tou-

tes les pieces au deffein ge-
neral du Livre, qui eft, d'u-
nir une vraye vertu chré-
tienne, avec une louable
honnêteté; une pieté fin-
cere, avec une aimable politeſſe. Toutes les parties du
Livre ſe rapportent ou à la
vertu, ou à l'honnêteté; elles tendent à former un
vrai Chrétien & un parfait
honnête-homme.

Du reſte, cet Ouvrage
regarde & intereſſe con-
ſtamment tout le monde,
puiſqu'il eſt hors de doute,
que tous les hommes doi-
vent être pieux & polis,
bons chrétiens & honnêtes

gens. La vertu & le ſçavoir-vivre ont droit d'entrer par tout , & par tout on doit leur faire acueil, on doit les embraſſer , on doit les mettre en œuvre. On peut dire cependant que les jeunes gens ont un droit ſingulier à cet Ouvrage , puiſqu'il tend de ſa nature , & dans les vûes de l'Auteur, particulierement à les former.

On remarquera en paſſant , qu'on s'eſt attaché à la nouvelle ortographe dans la façon d'écrire ou de peindre les mots , ſans pourtant laiſſer tout-à-fait l'ancienne, conformément à l'avis d'un célebre

célebre Auteur françois (*a*).

A l'égard du ſtile, on prie le Lecteur de faire attention à deux choſes; l'une eſt, que le ſtile de Narrateur & celui de Converſation qui regnent dans l'Ouvrage, ſont des ſtiles du ſecond ordre, qui ne doivent être conſéquemment ni ſublimes, ni bas, mais médiocres. Ce feroit tranſgreſſer les Loix & les regles des Grammairiens, que d'en uſer autrement. Narrer, converſer dans le ſtile de Balzac, c'eſt un fort mauvais parti; imiter Voiture, autant qu'il ſe

(*a*) Richelet.
Tome I. C

peut, dans ces deux manieres de s'énoncer, c'eſt ce qu'il faut, & c'eſt ce que l'Auteur a tâché de faire. Dans les Diſcours, dans les Sentences, dans les Diſſertations, dans la Poëſie, il a pris un eſſort, & il s'eſt efforcé de monter plus haut.

La deuxiéme choſe à obſerver, c'eſt que les caracteres & les génies des perſonnes qu'on fait parler dans les Converſations étant differens, il a fallu diverſiſier leur ſtile, & le proportionner au portrait & au caractere qu'on en a fait dans les préliminaires de

l'Ouvrage. En conféquen-
ce, on ne doit pas être furpris fi le ftile du Livre n'eft
pas par tout uniforme. La
varieté qu'on y appercevra
eft pourtant comme ap-
puyée fur un certain fonds
d'uniformité, qui fait voir
que c'eft la même plume
qui a tout écrit.

Sur le tout, nous prions
le Lecteur de s'intereffer
auprès du Ciel pour le bien
& la félicité de celui, qui
dans fon travail a eu vraiment en vûe, de lui procurer ce qui eft de plus fou-
haitable en ce monde; fçavoir, une vertu toute ai-

mable ; & ce qu'il y a dans le siecle à venir d'uniquement desirable , qui est de voir , d'aimer , & de posseder Dieu à jamais. *

* Il est difficile que dans les Editions les plus exactes , il ne se glisse quelques fautes d'impression ; à la fin du volume on a mis un *Errata* , on peut y avoir recours.

TABLE
DES CONVERSATIONS
DU PREMIER TOME.

Fin de la Table.

e iij

TABLE

DES MATIERES

principales contenues dans le premier Tome.

DES MATIERES.

Fin de la Table des matieres.

LE

LE CHRETIEN
PARFAIT
HONNÊTE-HOMME.

CONVERSATION I.

L'idée du Chrétien & de l'Honnête-Homme.

Monſieur l'Abbé AU-VRAY.

M. le Commandeur de RICHEMONT.

Le Révérend Pere ROMAIN.

Me. la Marquiſe de TERRE-NEUVE.

Me. la Baron. de ROCHE-COLOMBE.

Me. de SAINT-EVREMONT.

M. le Comte de CHATEAU-VIEUX.

M. le Chevalier DU BOURG.

Tome I.   A

L'ABBE' AU-VRAY.

C'Eſt avec bien du plai-
ſir , mon très - cher
Théophile , que je ré-
ponds à vos vœux ,
touchant les Entretiens ou les
Converſations dont j'eus l'honneur de vous faire mention dans
ma derniere lettre. Vous me mar-
quiez dans votre réponſe un deſir
empreſſé d'apprendre en quoi
conſiſtoient ces avantageuſes &
agréables Converſations. Vous
êtes trop de mes amis , & je ſuis
trop des vôtres , pour ne pas me
prêter à vos ſouhaits. ; mais ſi je
le fais volontiers , ce n'a pas été
ſans peine & ſans travail. Car durant l'eſpace d'un mois ma plume
n'a point ceſſé de voltiger ſur le
papier à cette occaſion. J'ai mis
tout ce tems-là pour tranſcrire les
Converſations, que j'ai l'honneur

de vous envoyer, & que j'avois pardevers moi en original. Mais comment, direz-vous, aviez-vous ces originaux? A l'iſſue de nos Entretiens j'étois exact à faire des mémoires, où je marquois tout ce qui s'étoit dit & tout ce qui s'étoit paſſé dans la converſation. La mémoire fournit aſſez d'après les idées fraîches, rien preſque ne m'échapoit. Lorſqu'on avoit fait part à l'Aſſemblée de quelque ouvrage d'eſprit de longue haleine, ou d'une difficulté particuliere à retenir, je me procurois le manuſcrit qu'on avoit lû, & je l'inſerois en fidele copiſte dans mon mémoire. Voilà l'hiſtoire des Converſations en original dont il s'agit. Revenons à la copie ou à la tranſcription, dont j'ai le plaiſir & l'honneur de vous faire part. Je l'ai faite avec feu & vîte : me rappellant en idée ce proverbe ancien : qui donne bientôt donne deux fois : voulant d'ailleurs vous donner par-là des marques de mon zele empreffé, pour tout ce qui vous fait plaifir.

Mais, mon cher Théophile, agréez qu'avant toutes chofes, & comme par préambule, je vous faffe connoître de caractere & de mœurs, ainfi que je l'ai fait de nom, les membres de notre Coterie; de notre Coterie, dis-je, non de plaifir, mais de fcience, de politeffe, de piété, & quelquefois même de nouvelles.

Madame la Marquife de Terre-Neuve eft comme la Coriphée de notre Societé : c'eft chez elle, que nous nous affemblons deux fois la femaine. Elle nous régale fouvent, non-feulement de fes ouvrages & de fes penfées agréables & ingénieufes : mais même de petits cadeaux, où la propreté

& la délicateſſe donneroient de l'appetit à qui n'en auroit point. Cette Dame a de l'eſprit, & un eſprit aiſé & brillant: Elle dit tout ce qu'elle veut, & de la meilleure grace du monde : Elle lit, & elle a lû beaucoup : elle aime les ſciences & les gens ſçavans : une piété ſincere & tendre met le ſceau à toutes les belles qualitez de cette illuſtre Veuve. Quoique j'aye l'honneur de lui appartenir, je ne flatte pourtant pas le portrait.

Madame la Baronne de Ro- che-Colombe n'eſt pas un eſprit brillant, quoiqu'elle ne manque pas d'ailleurs de mérite, ni de pénétration : Elle a trouvé le ſe- cret d'unir une aimable ſimplicité avec une prudence ſinguliere : elle ne parle pas beaucoup, mais c'eſt toujours trop peu au goût de ceux à qui elle parle. Une certai- ne grace naturelle eſt répandue

A iij

dans tout ce qu'elle dit ; & si elle
n'est pas une sçavante, elle n'en est
pas moins estimable par d'autres
bonnes qualitez qui suppléent à
la science, qui, au fond, est peu
nécessaire aux femmes.

Quant à Madame de Saint-
Evremont, elle est d'un grand
goût pour les ouvrages d'esprit :
ses pensées font solides & délicates : elle donne beaucoup aux réflexions : elle lit peu, mais elle
médite profondément sur ce
qu'elle a lû.

Voilà pour les Dames. Pour
ce qui concerne nos Messieurs,
voici leurs portraits.

Le Révérend Pere Romain est
est vrai Religieux : sa piété est
très solide ; & quoiqu'il ne soit
pas un dévot affecté, il n'en est
pas moins exemplaire. Il a du
reste tout l'esprit du monde : il
entend fort bien les belles let-

tres : il est sçavant , & il a beaucoup de talent pour la Chaire : il
ne fait pas , à coup sûr , déshonneur à son Ordre , qui est un des
plus célebres de l'Eglise , & chez
qui la régularité & la science
vont de pair. Du reste, ne soyez
pas surpris , mon cher Théophile , si ce digne Religieux paroît d'ordinaire dans nos assem-
blées ; c'est , qu'il est Chapelain
pour un tems de Madame de
Terre-Neuve à qui il a l'honneur,
comme moi, d'appartenir.

 Monsieur le Commandeur de
Richemont est un homme de
qualité, en qui il paroît beaucoup
de probité , de lecture & de facilité à s'énoncer. Sa réputation
est proportionnée à son rare mérite. M. le Comte de Château-
Vieux n'est pas sûrement le seul
de ses amis , bien qu'il soit le plus
familier & le plus intime. M. de

A iiij

Richemont ne mange pas feul fes revenus ; fa Commanderie qui vaut vingt mille livres de rente quittes , foulage tous les pauvres du Canton. Sa charité eft grande, elle lui attire mille graces du Ciel , & mille éloges fur la terre. Ce pieux Commandeur fe plaît fur-tout à exercer la charité à l'égard des filles indigentes & en péril à l'exemple d'un grand Saint, (*a*) qui excella dans cette maniere de libéralité pieufe.

M. le Chevalier du Bourg eft le digne neveu de M. de Richemont. c'eft un jeune-homme de feize à dix-huit ans, d'une ancienne Maifon, d'un bon tour d'efprit, d'une converfation aifée, d'un caractere gracieux & aimable : il a de la conception & de la mémoire. Ce n'eft pas un fçavant, mais il peut, & il defire le devenir.

(*a*) S. Nicolas Evêque de Myre.

Vous penſez bien que M. le Comte de Château-Vieux n'eſt point un eſprit volage & leger ; c'eſt un homme de poids. La gravité, la prudence & une haute piété font ſon caractere.

Pour ce qui regarde l'Abbé Au-Vray, mon cher Théophile, je prendrai le parti du ſilence ; vous le connoiſſez aſſez, & d'ailleurs qu'eſt-il ? Un petit mot cependant m'échappe, & vous me le paſſerez bien : c'eſt qu'il aime beaucoup la vérité, & il l'aime au point que dans tout le cours de ſa vie, il ne ſçache pas l'avoir trahi par un ſeul menſonge, de même que cet ancien dont parle l'Hiſtoire, (*a*) qui avoit atteint l'âge de plus d'un demi-ſiecle ſans avoir jamais menti, même en matiere legere. Mon nom eſt un mémorial en ce point : & je

_____

(*a*) Hiſt. Univ. de M. de Meaux.

n'ai qu'à me le rappeller pour me
fouvenir de mon devoir au fujet
de la vérité:Mais laiffons-là mon
nom & ma perfonne,qui ne méritent que l'oubli. Entrons ,après
ce petit préliminaire , dans nos
Converfations ; c'eft ce que vous
fouhaitez , & c'eft ce que je vais
avoir l'honneur de vous préfenter.
Remarquez en paffant, mon cher
ami , que c'eft ici que commencent mes Mémoires originaux.

 Madame la Marquife de Terre-Neuve, qui n'eft pas celle qui
paroît le moins dans nos converfations, ouvrit la premiere que
j'eus l'honneur de faire avec ces
Meffieurs & avec ces Dames ,
par un problême qui paroît affez
fingulier & tout nouveau......
Sçavoir fi on peut être honnête-
homme fans être Chrétien, & fi
l'on peut être Chrétien fans être
honnête-homme ? Un coup d'œil

que cette Dame me donna me
détermina à répondre, & je par-
lai ainſi ſur cette matiere.

A prendre le terme d'honnête-
homme dans toute la rigueur, &
dans ſon idée la plus propre & la
plus reſſerée, je penſe qu'on ne
peut être honnête homme ſans
être Chrétien ; & en conſéquence, je crois que dans le Paganiſ-
me il n'y a jamais eu, & qu'il ne
ſçauroit y avoir d'honnêtes gens,
ſi l'on prend ce terme, comme je
l'ai déja dit, dans un ſens rigoureux, étroit & logique. La raiſon que j'en donne, c'eſt que nul
ne peut être vraiment honnête-
homme, dans le ſens ſuppoſé,
qu'il n'ait des mœurs bonnes,
louables, conformes à la droite
raiſon, & dignes d'eſtime & de
récompenſe : Or, il eſt conſtant,
il eſt même clair & évident qu'un
homme qui n'a pas le bonheur

d'être Chrétien, ne peut point
avoir des mœurs semblables à
celles que je viens de dépeindre :
Car peut-on dire d'un homme qui
brûle de l'encens aux Idoles, qui
rend des honneurs divins à des
êtres mal-heureux, malins & ré-
prouvez à jamais, tels que font les
esprits de ténébres ; qui jure par
de fausses & de fabuleuses Divi-
nitez, qui mille fois dans la vie
se prosterne devant du bois, de
la pierre, devant un chat, un
crocodile........ qui invoque
avec confiance & avec religion
un Jupiter impudique, une infame Venus, un Mars fans pitié,
une Junon incestueuse & fans
pudeur ; qui, en un mot, par un
aveuglement étrange, préfere
dans fon culte & dans fes hommages de religion, l'être borné à
l'Etre infini, la créature au Créateur, le néant au tout : Peut-on,

dis-je, dire d'un tel homme, qu'il a des mœurs bonnes, louables, conformes à la raison, & dignes de récompenfe ? Non, fans doute, on ne peut point l'affurer, & conféquemment on ne peut point à jufte titre l'appeller honnête-homme : D'où je conclus que dans le Paganifme, il ne peut point y avoir d'hommes vraiment honnêtes. Hé! Comment les ennemis du vrai Dieu, les amis de Satan, les adorateurs d'une divinité chimérique, pourroient-ils mériter le titre refpectable d'honnête-homme, eux, qui manquent de fuivre, dans le point le plus effentiel, les lumieres de la droite raifon ? On doit donc avouer qu'ils font hors de la fphere des honnêtes gens, dont le vrai caractere eft de fe conformer aux lumieres d'une raifon faine & droite.

Mais si l'on prend le terme
d'honnête homme dans un sens
plus étendu, & de la maniere
dont on l'entend communément
dans le monde : pour lors je né
sçaurois disconvenir que les
Payens, & à plus forte raison
d'autres Infideles moins éloignés
de la vérité, tels que sont les Maho-
metans, ne puissent mériter le titre
glorieux d'honnête-homme : voici
ma raison : par le terme d'honnête-
homme : on entend d'ordinaire
& communément dans le monde un homme qui ne se livre
point à la crapule & à la débau-
che ; qui loin d'opprimer la veuve & l'orphelin, leur prête du secours ; qui aime la justice & la
droiture ; qui ne se plaît point à
noircir la réputation du prochain ;
qui s'étudie au contraire à rele-
ver ses belles qualitez ; dans qui
l'on ne remarque, ni la sordide

avarice, ni la fornication igno-
minieuſe, encore moins l'adul-
tere injuſte ; qui fait profeſſion de
tenir ſa parole, & d'éviter le
menſonge ; qui a de bonnes manieres envers tout le monde ; qui
aime à faire plaiſir dans les occa-
ſions ; qui a du ſçavoir vivre, de
l'affabilité, de la politeſſe. Je re-
prends, & je dis, que dans cette
ſuppoſition, & ſuivant cette idée
qu'on a communément de l'honnête-homme, il n'eſt nul doute,
que parmi les Payens & les Infideles il ne puiſſe y avoir dans ce
ſiecle, & qu'il n'y ait eu dans les
ſiecles paſſez d'hommes honnêtes & méritans.

Tels ont été parmi les Romains, les Pompées, les Germa-
nicus, les Seneques, les Cice-
rons, les Corbulons, les Tharaiſes.

Tels ont été parmi les Grecs,
un Talés, un Solon, un Bias,

un Ariſtote, un Platon, un Socrate. Je ne parle pas d'une infinité d'autres honnêtes gens, ſelon la maniere ordinaire de penſer du monde, qui ont paru dans
chaque ſiécle & dans chaque
Nation infidele, dont les Hiſ-
toires nous font mention avec
honneur.

Je ne parle pas non plus des
anciens Juifs, qui nous pourroient aiſément fournir, même
à tous égards & en tout ſens,
quantité d'exemples d'honnêtes
gens: Tels qu'étoient les Abrahams, les Iſaacs, les Jacobs,
les Moyſes, les Tobies, les Da-
vids, les Jonathas, les Nehé-
mias, les Ezechias......... Je
ne parle pas, dis-je, de ces anciens Juifs, ou du moins je ne
fait pas fond ſur eux pour dé-
montrer ma propoſition, parce
que bien qu'ils ne fuſſent pas
Chrétiens,

Chrétiens, ils étoient cependant la Nation choisie entre mille, & le peuple chéri de Dieu ; ils étoient fidéles de la Loi écrite, ainsi que nous le sommes de la Loi de grace ; (deux Loix également émanées de la souveraine Sagesse). Ils étoient adorateurs du vrai Dieu comme nous ; ils croyoient au Messie futur, ainsi que nous croyons au Messie déja arrivé ; ils avoient des Sacremens & des Sacrifices de même que nous ; leurs maximes étoient saintes & pieuses comme les nôtres. De-là vient que quoiqu'ils ne fussent pas Chrétiens, ils doivent en quelque façon être censés tels, du moins par rapport au but & à l'esprit de la difficulté, & l'on ne doit nullement être surpris que parmi eux il s'y trouvât d'honnêtes gens à tous égards & en tout sens. Du

Tome I. B

reste, il ne me reste plus rien à
dire sur cette premiere partie du
problême, sinon que nous devons rendre des graces infinies
au Seigneur, de ce que nous ne
sommes pas enfevelis dans les
ténébres de l'idolatrie, & de ce
que non-feulement nous pouvons être honnêtes gens par rapport au prochain, & felon les
idées du monde ; mais même
par rapport à Dieu, en tout fens,
& à tous égards.

Le Pere Romain prit dans cet
inftant la parole : Je fuis plein,
nous dit-il, des plus vifs fentimens de reconnoiffance, & mon
efprit eft gros de plufieurs penfées, fur le fujet de la vocation
à la Foi vraie & orthodoxe. Vous
fçavez, mon Dieu, s'écria-t-il,
quel cas j'ai toujours fait de la
grande & précieufe grace de la
vocation à la vraie Foi : Combien

de fois ne vous ai-je pas rendu
de très-humbles actions de graces ? Combien de fois n'ai-je pas
dit en votre préſence avec le
Roi Prophete : Le Seigneur notre Dieu m'a fait une grace bien
ſignalée, en me faiſant naître, ou
plutôt renaître dans le ſein de la
vraie & ſainte Egliſe, où je ſuis
à l'abri des erreurs de l'héréſie,
& des ténébres épaiſſes du Pa-
ganiſme ? La même grace n'a
pas été accordée à toutes les
Nations de la terre : & tous les
peuples n'ont pas le même bonheur que moi, de connoître les
grands Myſteres, les véritez admirables de notre ſainte & divine Religion. Graces immortel-
les vous ſoient rendues, ô mon
Dieu ! de ce don ineffable. Je
ne ceſſerai jamais de vous en
témoigner ma juſte & vive reconnoiſſance. Hélas ! que ſe-

rois-je devenu, si Dieu m'avoit
laissé dans les ténébres de l'erreur, si le Soleil de justice n'a-
voit point brillé à mes yeux, si
l'ombre de la mort m'avoit en-
veloppé ? Mon ame ! bénissez le
Seigneur , & n'oubliez jamais
ses tendres & divines miséricor-
des , sur-tout de vous avoir appellée à un état de sainteté & de
perfection, où tout vous porte
à Dieu , & où tout vous mene
au port heureux & désirable du
salut. Répondez à l'excès des
graces divines par un excès, si
l'on peut ainsi parler, de retour
& de fidélité.

Mon Révérend Pere, dit alors
Madame de saint Evremont, ces
sentimens sont beaux & édifians ;
je trouve que votre vive recon-
noissance est très-bien placée,
& que l'enthousiasme dont vous
venez d'être saisi, & qui vous a

fait exprimer au-dehors ce que
vous fentiez au-dedans touchant
la divine vocation au Chriſtianiſme & à l'état Religieux, eſt un
digne, fruit de cette piété ſinguliere que tout le monde admire
& loue dans vous.

C'eſt le même enthouſiaſme,
reprit le Pere Romain, puiſqu'il
vous plaît, Madame, l'appeller
ainſi, qui me rappelle un ſizain
qui ne fera pas ici déplacé : il eſt
tiré d'une traduction des Pſeaumes en vers, je ne puis que le
dire avec feu.

Vous, de ſes mains, vaſte & pompeux ou-
      vrage,
Dont on entend en tous lieux le langage.:
O terre ! ô Cieux ! célebrez ſon ſaint Nom,
D'un doux accord qui jamais ne finiſſe :
Que tout en vous, ô mon ame ! beniſſe
Un Dieu ſi grand, ſi glorieux, ſi bon.

Si vous continuez, ſur ce ton-

là, s'écria Madame la Marquise, vous pourriez-bien, Pere
Romain, nous enthoufiafmer
tous, paffe pour le coup ; mais à
l'avenir attendez, je vous prie,
que nous foyons dans la maifon
du Seigneur : Là vous pourrez
vous livrer à ces beaux feux de
piété, qui fient fi bien dans ce
faint Lieu. J'abufe, fans doute,
de votre patience, mon R. Pere, en vous parlant de la forte ;
mais connoiffant le caractere de
votre efprit, qui prend tout en
bonne part, je me flatte que
vous me pardonnerez bien ce
petit excès de liberté à votre
égard. Que fi vous vouliez
vous en venger, vengez-vous-
en fur le modéle des Saints, en
faifant du bien, & en vous ren-
dant utile : ce qui arrivera, fi
vous avez la bonté de nous dire
ce que vous penfez fur le fecond

chef de la difficulté, ou du problême, que j'ai proposé au commencement de la conversation. N'eſt ce pas, Madame, lui dit le Pere, ſi l'on peut être Chrétien ſans être en même-tems honnête homme ? Oui, lui dit la Marquiſe, c'eſt cela même ; je ne crois pas que vous ayez beaucoup de peine à décider la queſtion ; mais celle-là en fera naître une autre qui ſera plus épineuſe.

Il n'eſt que trop vrai, dit alors le Pere Romain, que l'on peut être Chrétien ſans être honnête-homme : On compteroit par centaines & par milliers les Chrétiens qui ſont malhonnêtes gens. Un Chrétien malhonnête-homme, il faut l'avouer, eſt un monſtre : mais combien dans le monde moral de monſtres de cette eſpéce ! On ne voit pas à coup

fûr tant de monftres dans l'ordre
de la nature. Qui dit un Chrétien, dit un difciple du Sauveur:
Or, à quel point un difciple de
JESUS-CHRIST ne devroit-il pas
être, ce qu'on appelle honnête-
homme ? Cependant, ô mal-
heur ! cela n'eft pas : car ne voit-
on pas tous les jours mille Chrétiens violer les loix de l'équité,
opprimer l'innocent & le foible
orphelin, manquer à leur parole donnée, quelquefois même
avec ferment ; proferer des menfonges fans peine & fans nombre ; être les ennemis & les rail-
leurs de l'aimable fimplicité &
de la bonne foi ; tramer de four-
des & de fales intrigues ; fup-
planter par jaloufie ou par ambition leurs compatriotes, leurs
rivaux, fe faire à eux-mêmes une
prompte, mais violente juftice
par des voyes de fait ; éloigner le
juste

jufte payement de leurs dettes
par de vaines fubtilitez de chi-
cane, que tout le monde voit
être telles, & qui font bondir le
cœur aux honnêtes gens qui
vont droit : en un mot, ne re-
marque-t-on pas une infinité de
Chrétiens ou de difciples du
Sauveur, qui ne font tels que
par la réception du facré Baptê-
me, par la profeſſion de la Foi
Chrétienne, par l'exercice extérieur de certaines fonctions
faintes ; mais nullement, hélas !
par leur conduite réguliere, par
l'innocence de leurs mœurs, par
la droiture de leurs démarches ?
Ces Chrétiens de nom, & Payens
d'effets, s'imaginent fans doute,
que le faint titre de Chrétien
dont ils font honorés les doit
mettre à couvert des traits en-
flámez de la divine vengeance :
mais ils fe trompent d'une ma-

Tome I. C

niere également funefte & criminelle. Telle eft la penfée du
fameux Salvien, dans fon Livre
quatriéme de la Providence, où
il s'exprime ainfi : D'où vient
que nous nous jettons nous-mê-
me dans l'erreur & dans l'illu-
fion ? En penfant fauffement,
que parce que nous fommes honorez du nom facré de Chrétien, nous pouvons par ce feul
titre beaucoup efperer du côté
du Ciel. Ah ? nous nous mépre-
nons groffierement : car à quoi
peut être utile un nom, quelque
faint qu'il puiffe être, fi l'on a
l'impiété de le fouiller par une
vie remplie de déréglemens &
de péchez ? Bienloin, dit dans
un autre endroit ce pieux Auteur, que le nom de Chrétien
que nous portons doive nous
être fort avantageux ; il arrive
au contraire que ne vivant pas

conformément à la sainteté de
ce nom, nous devenons par-là
même plus coupables & plus dignes de châtiment.

Malheur, malheur aux Chrétiens qui deshonorent leur qualité & leur titre de difciple de
l'Homme-Dieu par une vie de
péché, par une vie de réprou-
vé, par une vie payenne. Ces
Chrétiens font morts, quoique
vivans ; féparés de JESUS-CHRIST
par le péché, ils reffemblent à
un corps féparé de l'ame qui lui
donnoit la vie & le mouvement.
C'eft que JESUS-CHRIST eft la vie
de l'ame, ainfi que l'ame eft la
vie du corps, comme l'affure S.
Pierre Chryfologue dans un
difcours également pieux & élé-
gant, où il continue à parler de
cette forte : Dès que l'ame a
quitté le corps à qui elle donnoit le fentiment & la vie, ce

n'eſt plus dans ce corps que puanteur, que corruption, que pourriture ; ce n'eſt plus que vers,
que cendre, qu'horreur ; en un
mot, il ne paroît plus rien dans
ce corps mort qui ne choque les
yeux, qui ne déplaiſe à la vûe. De
même lorſque Dieu s'eſt retiré
d'une ame à raiſon de ſes crimes,
cette ame devient le ſiége de la
puanteur & de la corruption,
des vices, du ver rongeur de
la conſcience, des cendres de
la vanité, de l'horreur de l'in-
fidélité : en un mot, l'ame ainſi
ſéparée de ſon Dieu ſe trouve
comme enſevelie dans un tombeau vivant, qui n'eſt autre que
ſon corps.

L'endroit de ce Pere eſt ſi
beau dans ſa langue naturelle,
que je le citerois volontiers, dit
alors le Pere Romain, ſi votre
préſence, Meſdames, ne me

le défendoit. A moi ne tienne, répondit la Marquise, que votre Révérence ne fasse ce qu'elle souhaite. La Langue latine, comme vous le sçavez, mon Pere, ne m'est pas tout-à-fait inconnue. C'est à Madame la Baronne & à Madame de S. Evremont, de dire ce qu'elles en pensent. Il faut convenir, dit Madame de S. Evremont, que dans la compagnie des Dames l'usage & la politesse ne permettent pas de citer ni le Grec, ni le Latin : mais à toute regle il est des exceptions ; sur tout, mon Révérend Pere, lorsqu'on vous prie, ainsi que nous le faisons, d'user en ce point de toute la liberté que vous pourriez avoir ailleurs. Votre politesse, Mesdames, reprit le Pere Romain, me sert de modéle, & à tous les Messieurs de l'Assemblée ; parce

C iij

que vous êtes très-polies, nous
ne devons pas être impolis ; nous
ne citerons donc pas les Auteurs
dans des langues inconnues, ou
du moins ce fera très-rarement.
Mais, repliqua la Dame, que
deviendra le beau paſſage Latin
de S. Pierre Chryſologue que
ces Meſſieurs & Madame la
Marquiſe attendent ? Je le rapporterai, Madame, puiſqu'on
l'agrée ainſi. *Quod eſt anima cor-*
pori, hoc eſt animæ Chriſtus. Sine
animâ corpus non vivit, non vivit
anima ſine Chriſto. Recedente ani-
mâ mox corpori fœtor, corruptio,
putredo, vermis, cinis, horror,
& omnia viſu deteſtanda ſucce-
dunt. Diſcedente Deo, confeſtim
venit in animam fœtor, corrup-
tio criminum, vitiorum putredo,
conſcientiæ vermis, vanitatum
cinis, infidelitatis horror, & fit
in corporis ſepulcro vivo, funus
animæ jam ſepultæ.

En vérité ce paſſage eſt beau, s'écria M. le Commandeur, ces penſées ſont vives, ces expreſſions & ces tours ſont d'une élégance qui ne dégénere nullement de celle qu'on remarque dans les écrits de S. Chryſologue, dont les diſcours ont dans tous les tems mérité l'eſtime & les éloges des Sçavans. Revenons à notre but, dit pour lors Madame la Marquiſe, & avoüons qu'un Chrétien qui ne vit pas en honnête-homme eſt un vrai monſtre, qu'il eſt très-blâmable, que c'eſt un inſenſé & un homme mort, par la privation de la précieuſe vie de la grace, qu'il perd par ſes œuvres indignes & criminelles.

Mais changeons de theſe. Qu'il ne ſoit plus queſtion d'un Chrétien mauvais, mais d'un bon & pieux Chrétien. Or, je demande ſi l'on peut être Chrétien ain-

fi pieux & bon fans être dès-lors
honnête-homme ? Qu'en penfez-
vous, Pere Romain ?

Je penfe, Madame, qu'on ne
fçauroit être bon Chrétien fans
être du moins effentiellement
honnête-homme. La raifon en
eft évidente : c'eft que l'on ne
peut être bon & vrai Chrétien
fans vivre conformément aux lumieres de la droite raifon. Or,
mener une vie conforme aux lumieres d'une raifon faine & droite, c'eft fans doute mener une
vie honnête, c'eft vivre en véritable honnête-homme ; & conféquemment l'on ne peut être vraiment bon Chrétien fans être au
même tems du moins effentiellement honnête-homme : je dis effentiellement, parce qu'il en eft
de l'honnête homme comme de
tout autre chofe. On diftingue
ici, comme partout ailleurs,

l'effentiel & le parfait, le cœur
& l'écorce, le fonds & le dehors, l'intérieur & l'extérieur.
Vous me comprenez affez, Madame, & ce feroit en vain que
j'expoferois plus au long ma penfée : il ne refte qu'à en faire l'application. Je dis donc que dès - lors
qu'un homme eft vraiment bon
Chrétien, il eft au même-tems
honnête-homme, quant à l'effentiel, quant au néceffaire,
quant au fonds : on peut lui at-
tribuer le titre honorable d'honnête-homme, parce qu'il en pof-
fede les principales qualités.
C'eft ainfi qu'on peut appeller
homme avec vérité un petit enfant qui eft encore à la mamelle, parce que l'ame & le corps,
(les deux parties effentielles &
principales de l'homme,) font en
lui ; & de même que ce petit
enfant à la mamelle n'eft pas

vraiment, & ne peut pas être appellé avec raison homme parfait, parce qu'il manque dans
l'ame & dans le corps de beaucoup de qualités qui fondent ce
titre : par la même raison, un
Chrétien pieux qui a peu de sçavoir vivre, qui est brut dans ses
manieres, qui est impoli dans
ses façons d'agir & de parler,
n'est pas en effet, & ne peut pas
être appellé, un parfait honnête-
homme, puisqu'il ne jouit pas
des qualitez avantageuses & brillantes qui enfantent ce titre prisé à un si haut point dans le
monde. Ces Chrétiens vertueux,
mais impolis ; ces Chrétiens
qui sçavent vivre selon Dieu,
mais non pas selon le monde ;
j'entends le monde reglé & poli;
ressemblent à ces arbres, qui
étant chargés de fruits se trouvent dépouillés de leurs feuilles

par le moyen d'un vent rapide
& impétueux : ou bien à ces
diamans précieux que la main
de l'ouvrier n'a pas encore tail-
lés, & qui font tout brûts & in-
formes : ou fi l'on veut à ces
mets, qui, quoique bons à la
fanté, & propres à nourrir, font
cependant dégoutans, fades &
mal apprêtés : en un mot, ils
font bons, ces Chrétiens, mais
non pas beaux ; je veux dire
agréables : ils font eftimés, mais
non pas aimés : ils font confide-
rés, mais nullement recherchés.
Pourquoi ? c'eft qu'ayant la moële & l'effentiel de l'honnête-
homme, ils font privés de fon
agréable écorce : ils manquent de
ces dehors rians, qui font les ha-
meçons délicats qui attirent les
hommes, furtout ceux qui font
à l'orient, ou au couchant de
la vie. Vous voulez dire, fans

doute, mon Révérend Pere, s'é-
cria Monfieur le Chevalier, les
jeunes gens & les vieillards : je
comprends affez cela, mais ce
que je n'entends pas bien, c'eft
cette écorce, ces dehors rians
du parfait honnête-homme : j'en-
trevois votre penfée, mais je ne
la vois pas au point que je le fou-
haiterois. Vous la verrez clairement, mon aimable Chevalier,
reprit le Pere, par l'expofition
que je vais en faire tout de
fuite.

Mettre en ufage avec une fidéle, mais libre exactitude, les
loix de la politeffe ; avoir à l'é-
gard de tout le monde des manieres convenables & engagean-
tes ; obferver les régles de la
bienféance envers les grands &
à l'égard des petits ; parler poliment dans la converfation ; jetter comme du fucre, mais fans

excès, dans ses expressions, dans
ses airs, dans ses manieres ; éviter de peser aux autres, & porter le poids de leurs défauts avec
aisance ; enfin exercer le sçavoir
vivre dans tout le cours de sa
conduite, sans pourtant rien de
gêné ni de trop affecté : Voilà,
Monsieur le Chevalier, ce que
j'entends par l'écorce agréable,
& les dehors rians du parfait
honnête-homme.

Pour le coup, mon Révérend
Pere, dit alors le Chevalier, je
comprends fort bien votre pensée ; tout consiste à la réaliser.
Connoître & ne pas exécuter,
ce n'est rien. Que dis-je, c'est beaucoup, pour être digne de blâme
& de châtiment. Je ne suis pourtant pas encore content ; il faut,
mon Révérend Pere, ajouta cet
aimable jeune homme, que vous
ayiez la bonté de me faire un

portrait en racourci, net & suivi du vrai Chrétien, & du parfait hónnête-homme : par-là je verrai comme d'un coup d'œil le caractere & les propriérés de l'un & de l'autre. Mónfieur le Chevalier, lui dit le Pere, je ferois volontiers ce que vous défirez de moi, n'étoit une raifon forte que je vais avoir l'honneur de vous dire ; c'eft que M. le Commandeur, votre cher oncle, travailloit hier dans fon cabinet fur le fujet que vous venez de me propofer, s'attendant de faire part aujourd'hui de fon ouvrage à l'Affemblée : il ne me conviendroit pas d'aller fur fes brifées. Je ferois très-fâché de lui faire la moindre peine, & je ferai d'ailleurs ravi de voir un tableau du vrai Chrétien & de l'honnête-homme, en petit & comme en mignature, fait & travaillé

par une fi bonne main. Ma main,
reprit Monfieur le Commandeur, n'eft pas des meilleures;
ains au contraire ; paffez-moi
ce terme furanné : mais fi ma
main n'eft pas bonne, ma volonté ne lui reffemble pas. Quoiqu'il en foit, je produirai mon
petit ouvrage, que je n'ai fait,
ainfi petit, que par une affez
grande application, & au moyen
de nombre d'heures & de momens
de loifir. Je fuis, s'écria Madame la
Marquife, naturellement affez vive pour fentir de l'empreffement
pour les belles chofes ; fatisfai-
tes donc au plutôt, notre vénérable Commandeur, ma curiofité
& celle de ces Meffieurs & de
ces Dames, qui vous en prient
comme moi. Madame, répli-
qua Monfieur le Commandeur,
vous attendez trop de moi, vous
rabaifferez de plufieurs points

votre eftime ; je vais pourtant vous obéir , en vous lifant ce que j'ai mis par écrit fur le fujet en queftion.

Le vrai , le pieux Chrétien , c'eft celui qui fait fans ceffe la guerre au prince des enfers , l'ennemi irréconciliable de JE- SUS-CHRIST & du falut ; qui eft brouillé fans ménagement avec le péché, cette fource fatale de tous les malheurs du tems & de l'éternité ; qui n'aime nullement le monde, ni les vanités mon- daines , dans lefquelles on ne trouve que de l'apparence & de la fumée : le vrai Chrétien eft un difciple docile & obéiffant du divin Redempteur : il écou- te avec attention , & il fuit avec zéle ce grand & célefte Maître, perfuadé qu'en fe comportant de la forte, il ne marche point dans les ténébres, mais dans la
lumiere

lumiere & dans le grand jour.
(*a*) Aimer la priere & y vaquer
affidument ; fe nourrir fréquemment du pain de la divine parole, & de la myrrhe de la morti-
fication ; juger des chofes, felon les idées de l'Evangile ; faire fes actions, ainfi que JESUS-
CHRIST les faifoit ; fouffrir les
maux de même que JESUS-
CHRIST les enduroit ; telle eft
la louable conduite du parfait
Chrétien.

Ennemi capital de la vanité
& de l'hypocrifie, il eft fincere,
doux & humble de cœur ; il ne
fait rien que dans la vûe de
Dieu, pour la gloire de Dieu &
pour le bien de fon ame. Il puife fouvent l'eau célefte de la grace dans les fources du Sauveur,

(*a*) *Qui fequitur* | *tenebris ; fed habebit*
me non ambulat in | *lumen vitæ.*

Tome I.   D

dont parle le Prophete Isaïe. (a)
Les divins Commandemens, &
ceux de la sainte Eglise, sont les
régles de ses désirs & de ses œuvres. En deux mots, le pieux &
bon Chrétien, c'est un homme
qui vit de la foi, comme le grand
Apôtre ; c'est un homme qui est
selon le cœur de Dieu, comme
un autre David ; c'est une copie
ressemblante du divin modéle
de tous les Prédestinés, qui est
JESUS-CHRIST ; c'est l'enfant
adoptif de Dieu ; c'est l'heureux
héritier, en espérance, de ce
Royaume, qui n'aura jamais de
fin, & dans lequel, avec l'exemp-
tion de tous les maux, on aura
à jamais la jouiffance de tous les
biens. (b)

(a) *Haurietis in gaudio, de fontibus falvatoris.* Isa. ch. 12.

(b) *Omne bonum, fine omni malo.* Saint Auguft.

Monſieur le Commandeur,
dit alors Madame la Marquiſe,
votre portrait du Chrétien me
rendroit Chrétienne, ſi je ne l'é-
tois pas; ce miroir eſt beau, il faut
s'en ſervir, il faut s'y voir, il
faut s'y corriger ; mais ce n'eſt
pas-là tout. Le portrait du parfait honnête-homme eſt encore
l'objet de mon attente. Madame , reprit Monſieur le Commandeur , vous n'attendrez pas
long-tems ; voici ce que vous
ſouhaitez.

Le parfait honnête-homme ,
eſt celui dont la vie & les mœurs
ſont conformes aux lumieres de
la droite raiſon, aux bienféances
de l'état & de la ſocieté où il
vit. En conſéquence, un parfait
honnête-homme rend au Créateur ſes devoirs & ſes hommages de religion : au Prince, ce
qu'il lui doit, de tribut, de ſou-

D ij

miſſion & de reſpect: à ſes Parens l'obéiſſance , l'honneur,
l'amitié tendre & particuliere :
à ſon épouſe , s'il eſt dans l'état
conjugal , une fidélité conſtante , & une tendreſſe également
ſincere & modeſte : à ſes enfans , ſi le Ciel lui en a donné,
une bonté tendre & libérale , une
éducation chrétienne & polie,
un ſoin attentif & vigilant , ſur-
tout par rapport aux mœurs. Il
vit de commerce avec ſes amis,
qu'il ſçait cultiver , & s'attacher
toujours plus , par des bonnes
manieres , par de prudens &
agréables bienfaits. Il ſe pique
d'une vive reconnoiſſance à l'é-
gard de ſes bienfaiteurs ; & ſi ſes
ennemis lui font du mal, il ſuit
la raiſon plutôt que la paſſion ;
il ſe contient, il pardonne, il
oublie l'injure. Il aime la juſtice & l'équité : s'il doit, il paye

avec exactitude : s'il lui est dû,
il attend avec bonté. L'avarice &
le gain sordide, l'usure, font bondir le cœur de l'honnête-homme, de même que la fourberie
& le mensonge, dont il est l'ennemi déclaré. Une sage politique, une prudente dissimulation
est cependant de son goût ; il
s'en sert, sans excès, dans les
occasions. Il fait de la dépense
au niveau de sa naissance, de ses
emplois, de ses revenus. Il a
soin de sa réputation & de sa
santé, avec le zéle modéré que
la raison dicte. La politesse, le
sçavoir vivre, l'affabilité lui tiennent au cœur ; & il en fait comme l'émail & la broderie de ses
entretiens & de sa conduite.
De-là naissent ces amis multi-
pliés, ces liaisons agréables, &
une infinité d'éloges & de louanges, qu'on lui donne à l'envi de
tout côté.

Il faut que vous foyez, Monfieur le Commandeur, un bien
parfait honnête - homme, dit
pour lors Madame de S. Evremont, puifque vous en avez fi
bien fait le portrait : vous avez
puifé dans vous-même, ce que
vous avez fi bien exprimé au dehors. Madame, reprit M. de
Richemont, laiffons - là le ton
flatteur, & les complimens,
ils ne me font point dûs.
Je fçai ce que je dois penfer de moi-même, & ce que je
dois en dire : la foibleffe, l'ignorance & les miféres de toute ef-
pece ; voilà la matiére de mon
éloge, ou plutôt le fujet de ma
confufion. Quoiqu'il en foit, revenons à l'utile. Il me paroît
que les idées du vrai Chrétien,
& du parfait honnête - homme,
que je viens d'expofer, ne font
point fauffes. Il me femble auffi

que ces idées, ou ces portraits
devroient être placés fort près
l'un de l'autre, & qu'on devroit
joindre & réunir ces deux ta-
bleaux, non pas dans la même
chambre, mais dans la même
personne; la désunion ne vaut
rien, sur tout dans ce fait. Vous
parlez en homme sensé, Monsieur de Richemont, dit alors le
Pere Romain; car il est très-important & très nécessaire d'unir,
& comme marier en soi-même le
titre glorieux de parfait honnête-
homme, avec l'excellente qualité de bon & vrai Chrétien.
Cette nécessité d'unir ces deux
belles & avantageuses qualités,
pourroit même servir fort-à-pro-
pos de sujet & de matiére à
quelqu'une de nos Assem-
blées. Si tout le monde y
consent, ce sera dans la premiere qui se fera, reprit Madame

la Marquife. Il n'y eût pas d'autres avis là-deffus, & la chofe fut ainfi concluë.

On fe fépara dans l'inftant, & en fe levant, Monfieur de Richemont, pour la bonne bouche, jetta comme à la volée, ce petit quatrain, que je retins fans nulle peine.

L'homme qui fert fon Dieu, fous la divine houlete

Du fouverain Pafteur ; je l'appelle Chrétien.

Je lui donne à bon droit, le beau titre d'honnête ;

S'il aime la raifon. & tout ce qui convient.

CONVER-

CONVERSATION II.

La nécessité d'être vrai Chrétien,
& parfait Honnête-Homme.

Le Révérend Pere ROMAIN.
Me. la Marquise de TERRE-NEUVE.
M. le Comte de CHATEAU-VIEUX.
Me. la Baron. de ROCHE-COLOMBE.

L'ABBE' AU-VRAY.

JE vous prie de ne perdre pas
de vûe, mon cher Théophi-
le, que l'Ouvrage que j'ai le plaifir de vous envoyer, n'eft autre
chofe, ainfi que j'ai déja eû l'honneur de vous le dire, qu'une
tranfcription ou copie fidéle des
mémoires originaux, que je fai-
fois d'abord après les Entretiens
ou Converfations, que j'avois
l'honneur de faire avec les Mef-

Tome I.   E

fieurs , & les Dames que vous
connoiffez maintenant de caractére & de nom, chez Madame
la Marquife de Terre-Neuve,
qui vous eftime beaucoup par
la connoiffance de réputation
qu'elle a de vous. Cela étant
ainfi , vous ne devez pas être
furpris , fi je vous adreffe rarement la parole ; vous n'ignorez
pas que dans les copies ou tranf-
criptions, on ne parle gueres aux
perfonnes, à qui on les envoye:
Après ce petit préambule, qui
ne me paroît pas hors d'œuvre,
agréez, mon cher Théophile,
que je reprenne mon ftile de
narration, & que je rentre chéz
Madame de Terre-Neuve, pour
y faire la converfation, ou plutôt pour vous raconter ce qui fe
paffa dans la deuxiéme Converfation, que j'eus l'honneur d'y
faire, avec les illuftres Meffieurs

& Dames , dont j'ai eû l'honneur de vous faire mention.

On fit d'abord, au commencement de l'entretien , un petit
procès de reproches à Monfieur
le Comte de Château-Vieux, &
à Madame la Baronne de Roche-Colombe, fur ce que dans
la derniere Converfation , ni l'un
ni l'autre , n'avoient pas dit le
mot. On ajouta que leur filence étoit refpectable , mais qu'il
ne fçauroit être agréable à l'Affemblée , tandis qu'il lui déro-
boit leurs belles penfées , & leurs
judicieufes réflexions. Monfieur
le Comte de Château-Vieux
prit pour lors la parole , & il
dit que le défaut qu'on lui re-
prochoit , étoit aifé à corriger ;
ce qu'il montreroit bientôt par
des effets. Pour moi , reprit
Madame de Roche-Colombe ,
j'avoue ma faute , comme Mon-
E ij

fieur le Comte, & actuellement je m'en corrige. Dans cette vûe, je vais chanter un Cantique nouveau, qu'un Abbé de ma connoiſſance a fait depuis peu dans la ſolitude, où il s'eſt retiré ; & où il paſſe ſes jours dans la priere & dans la contemplation des véritez divines. Voici le Cantique, qui fut chanté d'une grace & d'une voix à enlever: car cette Dame eſt la premiere voix de la Province.

L'AMOUR DIVIN.

(L'Air) : *Non, non volage.*

Beauté ſuprême,
Dieu de mon cœur,
Mon doux Sauveur ;
Beauté ſuprême,
Dieu de mon cœur ;
Je languis d'amour,

Vers vous nuit & jour ;
Et d'une ardeur extrême,
Je redis cent fois,
Au milieu des bois,
Je vous aime.

Non, non, ma flâme
Ne brûlez plus,
C'eſt un abus ;
Non, non, ma flâme
Ne brûlez plus ;
Pour l'Etre inconſtant,
Dont ſe ſert Satan,
Pour ſéduire mon ame.
Le Verbe incarné,
C'eſt mon bien-aimé,
Qui m'enflamme.

Dans vos bocages,
Sur vos ormeaux,
Petits oiſeaux ;
Dans vos bocages,
Sur vos ormeaux,
Chantez les grandeurs
Du Roi des Seigneurs,
Et par vos doux langages ;

E iij

Rendez dans ces lieux,
Au seul Dieu des Dieux
Vos hommages.

Isles lointaines,
Peuples divers,
De l'Univers;
Isles lointaines,
Peuples divers;
N'aimez désormais,
Que le Dieu de paix,
Qui pour briser nos chaînes,
Fût un Dieu souffrant,
Versa tout le sang
De ses veines.

Mon divin Maître,
A qui je tiens
Par cent liens;
Mon divin Maître,
A qui je tiens;
Par vos doux appas,
Ne permettez pas,
Qu'ailleurs je puisse mettre
Mes tendres amours;

A vous pour toujours
Je veux être.

Dès que Madame la Baronne
eût ceffé de chanter, les complimens fur fa belle voix ne man-
querent pas. La politeffe de part
& d'autre fit mettre au jour bien
de gratiofités & de jolies penfées : après quoi , Monfieur de
Château - Vieux nous fit part
d'un petit ouvrage en vers, qu'il
avoit compofé dans fa derniere
retraite au Noviciat de.........
La Poëfie lui plaît, & quoiqu'il
foit fur le retour de l'âge, fa verve
n'eft pas morte.

L'AMOUR DE DIEU.

SONNET.

LE Très-haut ne forma nos cœurs que
pour l'aimer ;
La fuprême beauté doit enlever nos ames ;

Le Soleil incréé cherche à nous enflâmer ;
Malheur à qui s'oppose à ses divines flâmes.

✦✦✦

En Dieu, l'on trouve tout (a) : Dieu seul
doit nous charmer :
Qui s'attache au néant, mérite tous les blâ-
mes.
L'amour, ce feu sacré, doit tous nous con-
sumer ;
Et faire de nos cœurs, des vivans Oriflam-
mes (b).

✦✦✦

Vous aimer, ô grand Dieu ! C'est la félicité ;
Vous goûter, c'est la douce & pure volupté.
Bannissez de nos cœurs cet amour & ces
vices,
Qui jettent tôt ou tard tous leurs vains partisans

(a) *Deus meus,*
& omnia. B. Franc.
(b) L'Oriflamme
étoit autrefois l'ensei-
gne générale de Fran-
ce. Elle étoit faite en
façon de Banniere

qu'on portoit dans
les grandes expédi-
tions. Cette enseigne
étoit à fond rouge
parsemé de flammes
d'or.

Dans un gouffre de maux., dans le lieu des
    tourmens ;
Brûlez-nous de vos feux , ils feront nos dé-
    lices.

Monsieur le Comte , s'écria
le Pere Romain en homme surpris , il s'est fait dans vous une
maniere de miracle. Comment
cela , mon Révérend Pere , répliqua le Comte ? C'est, dit le
Pere , que dans un âge avancé,
votre verve est jeune , elle est
pleine de sentimens & de saillies
comme à l'âge de cinq Lustres
(a) , & l'on ne peut qu'admirer
le feu de votre esprit , dans un
âge , où de l'aveu de tout le
monde, le froid des pensées est
de saison.

    Brisons sur le fait des compli-
mens, répliqua Monsieur le Comte ; vos éloges , mon Révérend

(a) Un Lustre , c'est l'espace de cinq ans.

Pere, m'honorent, je voudrois
les mériter, mais non pas les
entendre ; ils me flattent trop
venant de votre part. Penfons,
fi vous l'agréez, à décider une
difficulté, dont le dénouement a
été, fi je ne me méprends, re-
mis à cette Affemblée. Vous ne
vous m'éprenez pas, Monfieur
le Comte, reprit Madame la
Marquife ; c'eft dans cette même Affemblée que fe doit traiter
une difficulté particuliere touchant le vrai Chrétien, & le parfait Honnête-homme : la chofe
fut ainfi conclue dans le dernier
Entretien ; il ne me paroît pas
qu'il y ait lieu de changer d'a-
vis.

La queftion à décider, & qui
doit fervir de fonds dans cette
Converfation ; c'eft de fçavoir s'il
eft néceffaire, s'il eft très-important, d'être bon Chrétien, &

en même tems, parfait honnête-
homme : en forte qu'on réunif-
fe dans foi une vraie & folide
probité, avec une louable politeffe & honnêteté.

Quel feroit l'avis de Monfieur
le Comte, continua la Marquife ? Voudroit-il bien nous dire ce
qu'il penfe fur ce fujet ? Madame, je le dirai avec plaifir, reprit Monfieur de Château-Vieux,
mais à une condition, je vous
prie ; qui eft, que ce fera en peu
de mots, felon mes ufages ; je
fuis en ce point un peu Lacé-
démonien. Le Révérend Pere,
ou quelqu'autre de la compagnie, pourra s'étendre plus au
long, & donner un plus grand
jour au fujet en queftion, qui
me paroît de conféquence.
Monfieur de Château - Vieux,
dit toute l'Affemblée, nous ne
demandons que l'honneur & le

plaifir de vous entendre ; à vous
d'abreger, ou d'étendre la matiere, comme il vous agréera.
Sur le champ le Comte prit la
parole, & il s'exprima en ces
termes.

Il eft très-conftant qu'il eft
d'une conféquence effentielle à
l'homme d'être vrai Chrétien :
cette qualité glorieufe lui eft abfolument néceffaire ; fans elle il
fera vicieux, déreglé, digne de
châtiment. Mais fi la qualité de
bon Chrétien eft à l'homme
d'une néceffité fans replique ;
celle de parfait honnête-homme
ne lui eft gueres moins néceffaire ; puifque fans cette qualité
tant vantée dans le monde,
l'homme ne peut être que très-
imparfait & dégoutant. Un homme qui eft infidéle, qui n'a pas
le bonheur d'être Chrétien, c'eft
un aveugle ; il marche, quoi-

qu'en plein jour, dans les ténébres ; il ne sçait où il va. Un homme éclairé des lumieres de la foi, mais qui vit en mauvais Chrétien, c'est un homme qui a des bons yeux, mais qui est laid, difforme, disgracieux, boiteux : il tend en insensé aux abîmes éternels. L'homme qui n'est pas honnête, civil, poli, du moins à un certain point, est un grossier, un rustique, un sauvage : il ne sçait point vivre avec ceux de son espéce, il n'est bon que pour la chambre, ou pour les bois. A ce mot, M. de Château-Vieux se tût. Il faut l'avouer, s'écria pour lors Madame la Marquise, Monsieur le Comte a un style bien précis & bien laconique : style, qui dans son racourci dit beaucoup, & qui ne laisse pas d'être étendu dans ses bornes étroites. Ce-

pendant , comme Monſieur le
Chevalier aime d'entendre l'ex-
poſition des choſes d'une maniere plus diffuſe & plus ample,
& que Monſieur le Comte d'ailleurs ſouhaite qu'on revienne ſur
ſes briſées, pour donner un plus
grand jour aux véritez qu'il a
fait voir en petit : de-là vient,
que ſi dans l'Aſſemblée il y avoit
quelqu'un qui voulût avoir la
bonté d'étendre les voiles, je
veux dire d'expoſer au long &
d'une maniere ample & diffuſe
les véritez dont il s'agit, nous
lui ſerions bien obligés. A peine eût-elle ainſi parlé , qu'elle
fixa modeſtement les yeux ſur le
Révérend Pere Romain , comme ſi elle eût voulu par ce coup
d'œil le prier de nous accorder
cette grace. Le Pere comprit
bien la penſée de la Marquiſe ,
qui étoit auſſi celle de tous ceux

de la compagnie, & il s'y prêta
fans délai de cette forte.

Pour éviter le blâme d'être
fuperficiel, & pour entrer dans
le fonds & le folide de la matiere propofée, il me paroît qu'il
y a trois chofes à faire voir. En
premier lieu, il faut montrer
l'importance & la néceffité du
titre & de la qualité de vrai
Chrétien. En fecond lieu, il
faut faire voir l'importance & la
néceffité du titre de parfait Honnête-homme. Enfin, il eft à
propos de prouver la néceffité
de réunir ces deux bonnes qualitez dans la même perfonne,
dans le même fujet.

Je dis d'abord qu'il eft de la
derniere néceffité, & d'une importance infinie, d'être bon &
vrai Chrétien. Je ne m'arrête
pas précifément à la qualité de
Chrétien ; car qui peut douter

un inftant de la néceffité & de
l'importance du Chriftianifme,
non - feulement par rapport à
l'homme pris en général, mais
même par rappor à chaque homme confideré en particulier? Sans
le Chriftianifme en effet, qu'eft-
ce que l'homme? C'eft une créature raifonnable, qui ne recon-
noît point fon Créateur. C'eft
un enfant qui méconnoît fon
pere, & qui refufe de lui rendre fes devoirs les plus effentiels.
C'eft un ferviteur qui rend fes
fervices à l'ennemi de fon maître. C'eft un aveugle qui eft affis
dans la région de l'ombre de la
mort. C'eft une victime future
des vengeances éternelles. C'eft
un prodigue, non de fes biens,
mais de fes adorations, & de fes
hommages à l'égard des Etres
qui lui font inférieurs en nature,
ou fupérieurs en vices. L'homme

me Payen , l'homme infidéle ,
l'homme qui n'eſt point Chrétien , eſt un objet digne de tous
nos gémiſſemens ; puiſque c'eſt
un être de notre eſpéce , qui ne
connoît point la vérité , qui ne
peut jouir de la vraie félicité ; &
qui vole à ſa perte ſans le ſçavoir. Ah ! que nous ſommes
heureux d'être nez dans le ſein
du Chriſtianiſme ! mille graces
en ſoient rendues au Pere des
lumieres. Mais ſi au milieu du
Chriſtianiſme on vient à mener
une vie payenne ; ſi étant éclairé de l'admirable lumiere de la
foi, on vit comme ſi l'on étoit
enſeveli dans les ténébres de
l'erreur ; ſi l'on eſt Chrétien de
nom , mais nullement d'effet ; ſi
l'on préfere Belial, à JESUS-
CHRIST ; la vanité, à la vérité ;
le plaiſir, à ſon devoir ; en un
mot, le péché à la vertu : l'on

Tome I.   F

est en ce cas digne de tous les
reproches & de toutes les punitions ; on ne péche point alors
par bêtife & par ignorance, mais
par choix & par malice. Oh qu'il
est important, qu'il est néceffaire à un Chrétien de profeffion,
d'être vraiment tel d'action &
de conduite ! La Foi est bonne,
le Chriftianifme qui en est le fils,
est un grand bien ; mais la Foi,
fans les œuvres de la fainteté, la
profeffion du Chriftianifme fans
les actions d'une piété vraie &
folide, ne nous ouvriront jamais
les portes de la célefte Sion ;
mais plutôt celles de l'infame
Babylone. Puifque ce font-là
des véritez évidentes, dont les
Chaires faintes retentiffent tous
le jours, il est fans nul doute,
que la qualité de Chrétien vrai
& pieux est très-importante, très-
néceffaire, infiniment à défirer.

Heureux ceux qui la poſſedent !
mal-heur à quiconque en eſt privé ; ſur-tout dans cet inſtant
qui décide de tout , & pour toujours ! Tout ce que votre Révérence, mon Pere , vient de dire
eſt très-vrai, dit pour lors Madame de Terre-Neuve ; mais
voudriez-vous prendre la peine
de vous étendre un peu plus ſur
une matiere ſi eſſentielle & ſi
importante ? Je le veux bien ,
reprit le Pere, la choſe ne me
ſera pas fort mal-aiſée. Sa Révérence continua donc à parler
ſur le même ſujet de la maniere
qui ſuit.

Ce n'eſt pas aſſez pour arriver au port d'avoir les yeux at-
tachés ſur l'étoile polaire ; ce
n'eſt pas aſſez de connoître les
vents, & de remarquer les régions & les différens dégrez. Il
faut encore avoir des mains &

des bras pour manœuvrer , &
pour diriger le vaiſſeau. Il ne
ſuffit pas de même pour arriver
à l'heureux port du ſalut, de contempler avec les yeux de la Foi
les divins Myſteres ; il ne ſuffit
pas de croire & de parler ſça-
vamment des choſes ſaintes ; il
faut de plus mettre la main à
l'œuvre ; & à l'exemple des ſaints
Martyrs , il faut ſceller par ſon
ſang , ou par ſes ſueurs, la Foi
Chrétienne que l'on profeſſe.
Les Apôtres , ces ſacrées colomnes de la Foi , & après eux
tous les Juſtes de la Loi nouvelle , ſans en exclure ceux de
l'ancienne , ont tous tenu cette
conduite ; ils ont montré leur
foi par leurs œuvres ; ils ont gé-
néreuſement combattu ; ils ont
patiemment ſouffert ; ils ont ar-
demment travaillé ; & ce qui
fait leur principale gloire , ils

ont avec constance persévéré jusqu'à la fin.

Ce sont-là nos modéles., efforçons-nous d'en être les fidéles copies ; marchons sur leurs vestiges ; suivons leurs traces pas à pas., & n'oublions rien pour devenir comme eux des serviteurs bons & fidéles du Seigneur notre Dieu. O Ciel ! que de Chrétiens dans le monde qui tiennent une autre route, & qui loin de servir fidélement leur divin Maître, ne s'étudient qu'à servir le monde , & le Prince qui l'anime ! En conséquence , combien de Chrétiens réprouvés ! combien de Chrétiens condamnés , par celui-là même qu'ils ont adoré, mais qu'ils n'ont point aimé ! O Dieu ! combien d'hommes portés sur les Fonts sacrés , régénérés & lavés de la tache originelle., ont

dans la fuite fouillé leur robe
nuptiale par mille crimes, par
mille défordres, & ont été en
conféquence abîmés dans les
gouffres éternels! Combien d'ailleurs de ferviteurs pareffeux qui
ont été jettés pieds & mains
liés dans les ténébres extérieu-
res, où les pleurs & les grince-
mens de dents feront infinis &
éternels. Souveraine infortune!
qu'ils auroient pû éviter, s'ils
avoient fait leurs efforts pour
être des ouvriers de juftice, &
non point d'iniquité; pour pratiquer le bien, & ne pas commettre le crime; pour vivre conformément à leur créance,
à leur Religion; & non point
fuivant les loix & les maximes
du monde corrompu; en un
mot, pour être de bons & vrais
Chrétiens.

J'ai eû l'honneur, dit pour

lors Madame de Roche-Colombe, d'écouter avec attention le Révérend Pere ; mais il faut que je dise franchement ma pensée : tandis que sa Révérence parloit, je m'imaginois être au milieu d'un Auditoire nombreux, & sous les yeux d'un Prédicateur zélé, qui annonce avec force des véritez saintes. C'est-à-dire, Madame, répliqua le Pere Romain, que je parlois d'un ton de Prédicateur, & que par-là même j'ai commis une incongruité, en prenant un air étranger à la conversation : pardonnez-moi cette faute, ajouta-t-il, en vûe de l'habitude que j'ai contractée en Chaire, & à raison du sujet pathétique que je traitois. Monsieur le Commandeur releva la derniere raison du Pere, par une réflexion fort juste, & qui venoit fort à propos ;

il dit; que les matieres que l'on
traite inspirent insensiblement
un certain air, un certain ton,
qui leur est propre. D'où vient,
que quand on parle du Ciel,
c'est d'un air riant & ouvert.
Lorsqu'on parle du mal-heur éternel, c'est d'un air enflammé &
sérieux. Quand un Historien fait
le narré d'une bataille sanglante,
il s'énonce en Guerrier & avec
feu. Quand il fait la description
d'une Ville, d'un païsage, il en
rabât beaucoup ; & c'est , en
termes fleuris & d'un air tranquille , qu'il le fait. Il ne faut
donc pas être surpris si le Révérend Pere est entré dans l'air &
dans le ton d'un zélé Ministre
du Seigneur , puisqu'il traitoit
un sujet sérieux, important, moral & pathétique. Quoiqu'il en
soit , nous sommes très-redeva-
bles au Révérend Pere de la
bonté

bonté qu'il a eue de nous faire
part de ses bonnes & de ses
pieuses pensées, touchant la nécessité & l'importance qu'il y a
d'être, non seulement Chrétien,
mais un Chrétien bon & solide-
ment pieux. Si sa Révérence
vouloit prendre la peine de continuer à nous parler sur le sujet
entrepris, elle nous feroit plaisir. Je le ferai volontiers, dit
alors le Pere Romain ; mais je
me garderai bien de parler sur
le ton de Prédicateur : Je ferai
la guerre à mon habitude, &
j'espere d'en devenir victorieux ;
quand ce ne feroit que pour
obéir aux avis & aux remontrances qu'on m'en a faits : Nous
sommes environnés & remplis
de défauts, nous ne sçaurions
prendre une meilleure voye pour
nous en corriger, que celle d'a-
gréer les remontrances qu'on

Tome I. G

nous fait, & de profiter des corrections que la charité ou l'amitié mettent dans la bouche de ceux qui nous reprennent.

Voilà un bon tour d'esprit, dit alors tout bas Monsieur le Commandeur à Monsieur le Chevalier son neveu : Profitez, mon fils, ajouta-t-il, de cette leçon muette que le Pere vient de vous donner par son bon exemple. Je vous obéirai, mon cher oncle, lui repartit le neveu ; cette leçon d'exemple m'a fait beaucoup d'impreſſion. Ce mot fut suivi d'un profond ſilence, qui dura peu. Le Pere Romain reprit la parole, & il s'énonça de la sorte.

Si le titre avantageux de bon & vrai Chrétien eſt eſſentiel & néceſſaire à l'homme, la qualité de parfait honnête-homme ne lui eſt gueres moins importante, ni moins néceſſaire ; du moins par rapport à la vie présente, & eu égard aux hommes, avec lesquels nous sommes obligez de vivre & de converser. Il est constant que nous sommes dans ce monde dans un état de société & de commerce ; il faut nécessairement agir & converser avec ceux qui coulent leurs jours & leurs momens avec nous. Le point capital consiste à le faire d'une façon qui soit convenable, humaine, polie & honnête. Si nous nous comportons autrement, nous sommes dès-lors regardés comme des rustiques, des grossiers, des mysantropes, qui ne sçavent ou qui ne veulent point vivre, comme l'on dit, avec les humains. Qu'un homme soit dénué des biens de la fortune ; s'il a de la droiture, de la sincerité ; s'il sçait vivre, s'il est poli & honnête : il sera

généralement estimé & considé-
ré. La raison qu'on en donnera, c'est, dira-t-on, parce qu'il est
affable, civil & honnête, parce qu'il
est homme de bon commerce,
de bonne foi, de bonne société.
La pauvreté de cet homme n'est
pas un vice ; mais sa bonne conduite, & ses bonnes manieres,
font dans lui une vraie perfection, qui ne peut que lui attirer l'estime, la vénération, les
louanges des personnes avec qui
il converse, & avec lesquelles il
vit. Le riche impoli & malhon-
nête sera d'abord, si vous le
voulez, honoré & respecté ; il
sera environné & comme en-
censé de quelque fumée de flat-
terie, mais tout cela ne sera
qu'au dehors ; ces respects, ces
éloges ne couleront pas de la
bonne source, qui est le cœur.
Le cœur est réservé pour la so-

lide vertu , pour la vraie politesse & honnêteté. Il en est de
l'homme en ce fait , comme
d'un diamant précieux ; s'il est
brut , si la main industrieuse du
Lapidaire ne l'a pas encore poli , taillé , façonné , il sera beaucoup moins prisé , il sera mis à
part , on ne s'en servira nullement. Qu'un homme ait de l'esprit & de la piété , s'il est impoli , si la main de l'éducation ne
l'a pas formé , s'il est , pour parler ainsi , dans la pure nature , il
sera peu consideré , il sera laissé ,
on l'abandonnera à lui - même ;
& quoiqu'on en fasse un certain
cas , on ne lui en donnera pas
des marques , ou très - peu. O
qu'il est bon , qu'il est avantageux , qu'il est de conséquence
d'être poli & cultivé ! d'être habile dans l'art de commercer
avec les honnêtes gens , dans

l'art du fçavoir vivre ! Mais quelle honte d'être ignorant en cette matiere ! Une telle ignorance
ne nous met-elle pas à certains
égards au-deſſous des animaux
brutes ? En effet, nous voyons
les animaux privés de la raiſon
obſerver parmi eux une maniere de politeſſe, une eſpéce
de fçavoir vivre ; tantôt en ſe
réjouiſſant à leurs approches
mutuelles ; tantôt en ſe faiſant
d'eſpéces de baiſer les uns aux
autres ; tantôt en ſe quittant difficilement & contre leur gré ;
tantôt en ſe parlant & commer-
çant à leur maniere : ceux-ci par
des gazouillemens agréables ;
ceux-là, par des hanniſſemens
réciproques, les uns par des ba-
dinages gais & adroits, d'autres
par des ſecours de défenſe prê-
tez avec ardeur au moindre cris.
En un mot, les bêtes inſtruites

par l'inftinct naturel , obfervent
dans leurs efpéces une maniere
de civilité , d'affabilité , & fi
l'on peut ainfi s'exprimer , de
fçavoir vivre, qui fait la leçon & le
procès aux perfonnes groffie-
res & impolies. Loin donc de
nous la groffiereté & l'impoliteffe ; loin de nous tout ce qui
fent l'homme ruftique & en fri-
che ; loin de nous tout ce qui
n'eft pas de l'honnête-homme.

» Marchons honnêtement com-
» me on le fait en plein jour (*a*).

Cet endroit de l'Apôtre aux
Romains , ne femble-t-il pas
prouver expreffément ma thefe ,
dont je rappelle l'idée ; fçavoir,
qu'il eft d'une grande conféquence , qu'il eft même néceffaire
d'être non-feulement Chrétien ,
mais honnête-homme , & par-

(*a*) *Sicut in die ,* | Rom. 13. 13.
honeftè ambulemus. |

faitemenr honnête-homme : de
vivre non-feulement felon les
loix d'une piété fincere ; mais
auffi felon les maximes d'une
bienféance reçûe, raifonnable &
mife en œuvre. Cet endroit,
dis-je, de l'Apôtre, ne paroît-
il pas prouver formellement ma
thefe ? fur-tout fi on l'interprête
dans le fens de certains Auteurs,
qui le traduifent ainfi : Marchons
dans la bienféance, comme il
fe pratique en plein jour. Quelle bienféance en effet plus grande, que celle des bonnes manieres d'agir & de parler ; de
traiter honnêtement & de converfer poliment avec nos freres,
avec nos amis, avec nos Concitoyens, même avec les Etrangers?
Cette bienféance eft fûrement
digne de nos eftimes & de nos
foins. Après la bienféance des
mœurs chrétiennes & pieufes,
en fût-il de plus grande & de

plus eftimable ? Outre ce paffage
du grand Apôtre aux Romains,
il en eft nombre d'autres , dans
le corps de la Bible , qui dé-
montrent avantageufement ma
propofition. Il eft même des
traits d'hiftoire dans les Livres
facrez, qui font en ma faveur ;
& fi les Dames le permettoient,
je les citerois fans peine. Nous
le voulons bien , Pere Romain ,
s'écrierent d'une commune voix
ces Dames ; vous nous ferez
même un fenfible plaifir, de nous
faire voir que dans l'Ecriture il fe
trouve certains endroitsqui regardent l'honnêteté , la politeffe, le
fçavoir vivre. Il ne falut pas d'autres explications au Pere , pour
le déterminer ; il entra tout de
fuite dans le vafte champ des
Ecritures , & il en cueillit différentes fleurs , qu'il préfenta aux
Dames & aux Meffieurs de l'Af-

femblée. Parlons plus naturellement ; il expofa d'abord les faits
& les traits hiftoriques, qui fai-
foient à fon fujet ; il en vint enfuite aux fentences, & à ce qu'on
nomme paffages, en termes de
citations.

Il eft rapporté dans le Chapitre vingt-quatriéme de la Genefe, que la Vierge Rebecca
fille de Bathuel, ayant exercé
la politeffe & l'honnêteté à l'é-
gard d'un Etranger, qui étoit le
principal ferviteur d'Abraham,
en lui donnant à boire & à toute fa fuite, en lui offrant la maifon & les écuries de fon pere ;
& cela de la meilleure grace du
monde : il eft rapporté, dis-je,
dans le Chapitre que j'ai cité,
que l'honnêteté toute charitable
& toute louable de cette fille,
fut récompenfée au point le plus
grand & le plus défirable, puif-

qu'outre les préfens riches &
précieux qu'elle reçût en conféquence de fes honnêtetez, elle par-
vint par-là à l'alliance la plusdigne
d'une ambition fainte, qui étoit
celle d'Abraham, ce grand Patriarche, ce fameux Pere des
Croyans, tant vanté dans les
divines Ecritures, & fi célebre
dans l'Hiftoire Sacrée. Rebecca
devint donc en effet, & en
conféquence de fes politeffes &
de fes honnêtes fervices, l'époufe d'Ifaac, cet unique & digne
fils d'Abraham ; la mere fortu-
née de Jacob, ce Patriarche fi
fameux, & fi connu par les douze Tribus des Ifraëlites, dont il
fut comme la tige & le tronc.

Nous lifons encore dans la
Genefe un admirable trait d'honnêteté & de fçavoir vivre, à l'é-
gard des parens en ligne fupérieure. J'aurois dû lui donner

le premier rang ; mais dans la converſation, on parle ſelon que les idées ſe préſentent, & que la mémoire fournit.

Noé, cet ancien Patriarche, ne connoiſſant pas encore la force & les effets du vin, il en bût un peu abondamment ; ce qui fut ſuivi d'une ſuſpenſion des ſens, & d'un aſſoupiſſement profond. Durant ſon ſommeil, il arriva je ne ſçai comment, que ſon corps ſe trouva immodeſtement découvert : l'un de ſes fils nommé Cham, l'ayant vû dans cet état, ſe prit à rire ; il ſe moqua de celui pour qui il ne devoit avoir que du reſpect & de la vénération : ſa conduite fut des plus impolies & des plus malhonnêtes. Elle fut bien différente de celle de Sem & de Japhet ſes freres, qui dans cette occa-

fion firent un trait d'honnêteté,
de pudeur , de fçavoir vivre ,
qui a toujours été loué , & qui
ne ceffera jamais de l'être. S'é-
tant revêtus d'un manteau, ils
prirent le parti de marcher à re-
culons , du côté où Noé leur
pere fe trouvoit couché ; y étant
arrivez , ils laifferent tout dou-
cement tomber le manteau
qu'ils avoient fur leurs épaules ,
& par ce moyen tout refpec-
tueux, tout poli, & tout honnête , ils couvrirent le vénérable
Vieillard, qui avoit été furpris
par la fumée du vin , dont il
ignoroit , ainfi que je l'ai déja
dit , la force & la vertu. Noé
s'étant éveillé , & ayant repris
fes efprits, il donna fa bénédiction paternelle & prophétique à
Sem & à Japhet , qui s'étoient
comportés à fon égard d'une
maniere fi honnête & fi refpec-

tueuse : mais pour Cham , il
n'eût que des malédictions à lui
faire , & des maux humilians à
lui prédire. Maudit soit Cha-
»naan , lui dit-il , il sera le|servi-
»teur des serviteurs de ses freres.
Voilà les fruits d'un côté de
l'honnêteté ; de l'autre la punition du vice contraire.(*a*)

Les Sentences , les passages
de l'Ecriture, qui servent à montrer la vérité dont j'ai pris la
défense, sont en bon nombre.
J'en rapporterai peu : huit ou
dix doivent suffire & convaincre
les esprits.

»Ne vous moquez point , dit
»le Sage , d'un homme qui est
»plongé dans une amere afflic-
»tion. (*b*) N'est-ce pas là une leçon d'une charitable politesse ?
Ne méprisez pas , dit encore le

(*a*) *Ne irrideas ho-|ne animæ.* Eccli. 7.
minem in amaritudi-| 12. (*b*)Gen. 9. 24.

Sage, un homme qui eſt dans la caducité, & dans une extrême vieilleſſe. Le ſçavoir vivre ne donne pas d'autres préceptes.

Honorez tout le monde, dit « le Prince des Apôtres, rendez « à tous ceux avec qui vous con « verſez, l'honneur que vous leur « devez. (*a*) Quoi de plus formel, pour notre theſe ?

Soyez, dit l'Apôtre, humains « & affables les uns à l'égard des « autres. (*b*) La politeſſe n'eſt-elle pas là marquée clairement ?

Jeunes gens, eſt-il écrit dans « le Livre ſacré de l'Eccleſiaſti « que, parlez à peine dans votre « propre cauſe, & pour vos pro « pres interêts......... Dans plu « ſieurs cas, & en différentes cho « ſes, ignorez : Comportez-vous «

(*a*) *Omnis honorate.* 1. Pet. 2. 17.
(*b*) *Eſtote invicem benigni,* Eph. 4. 32.

„ en hommes, qui ne sçavent pas
„ ce qui se passe ; écoutez avec
„ attention & en silence; deman-
„ dez, informez-vous, cherchez,
„ afin de trouver la vérité des cho-
„ ses : Dans la compagnie des
„ grands, ne vous faites pas va-
„ loir : ne soyez point vains & pré-
„ somptueux ; lorsque vous vous
„ trouverez avec des vieillards,
„ ne parlez pas beaucoup. (a) Voilà des regles de bienséance, de
civilité, de sçavoir vivre, de
politique même, mais d'une politique prudente & bien reglée.

„ Une réponse douce & honnê-
„ te appaise un esprit émû, elle
„ arrête la colere, dit Salomon
dans ses sacrez Proverbes. (b)
Au contraire les paroles dures,

(a) *Adolescens lo-* | *frangit iram, sermo*
quere in tuâ causâ | *durus suscitat furo-*
vix..... Eccl. 32. | *rem.* Prov. 15. 1.
(b) *Responsio mollis*

fâcheuses

fâcheufes & mal-honnêtes ex-,,
citent l'indignation & la fu-,,
reur. ,,

Lorfqu'il fera néceffaire de
faire la correction à un vieillard.
il ne faut pas, écrivoit autrefois
faint Paul à Timothée , le re-,,
prendre avec des paroles aigres ,,
& hautaines ; mais il faut le fai-,,
re comme en priant , comme ,,
en fuppliant, avec douceur & ,,
avec honnêteté, le regardant & ,,
le confidérant comme un pere. ,,
Avertiffez les jeunes gens, con-,,
tinue l'Apôtre, comme vos fre-,,
res ; les femmes avancées en,,
âge, comme vos meres ; les fil-,,
les , comme vos fœurs. Voilà ,,
des leçons de politeffe & de fçavoir vivre s'il en fût jamais. (*a*)

_____

(*a*) *Seniorem ne* | *anus , ut matres ; in-*
increpaveris , fed | *venculas, ut forores;*
obfecra ut patrem; | *in omni caftitate.* I.
juvenes, ut fratres ; | Tim. 5. 1.

Tome I.   **H**

„ Quand vous vous trouverez
„ avec un ouvrier, parlez-lui du
„ travail, des fatigues, des labeurs
„ de la vie. Si vous converfez avec
„ un négociant, ouvrez le difcours
„ du côté du négoce, parlez-lui
„ des trajets que l'on fait fur les
„ mers, des tranfports qui fe font
„ fur la terre ferme. Si vous vous
„ entretenez avec des perfonnes,
„ dont l'étude & l'art eft d'ache-
» ter, parlez-leur de ventes. Ces
loix de politeffe, qu'une condef-
cendante charité a enfantées,
font puifées dans le Chapitre
trente-feptiéme de l'Ecclefiafti-
que, ce Livre fi riche en préceptes & en moralitez.

Mais je m'apperçois, que je
fuis bien diffus en citations, fur-
tout en préfence des Dames. Il
n'y a nul excès, mon Pere, s'é-
crierent-elles : citez tant qu'il
vous plaira, l'ennui eft bien loin

de nous. Cela étant, reprit le Pere, je reprendrai le fil de mes idées.

L'Apôtre, écrivant aux Philippiens, leur dit, regardez « ceux avec qui vous converfez, « comme vos fupérieurs ; ne fai- « tes point tant d'attention à ce « qui vous convient, mais à ce « qui convient & à ce qui plaît « aux autres. (a) Si ce n'eft pas là une vraie politeffe émanée, je l'avoue, d'un grand fonds de charité & d'humilité, rien ne le fera.

Les Peres & les Docteurs de l'Eglife n'ont pas enfeigné d'autres maximes de conduite ; ils fe font moulés fur l'Ecriture, & ils ont fuivi les lumiéres de la droite raifon, qui veut, que les

(a) Superiores fibi invicem arbitrantes ; non quæ fua funt fin-|guli confiderantes ; fed ea quæ aliorum. Philip. 2. 4.

H ij

hommes fe traitent mutuellement avec charité, avec bonté, avec politeffe. Les manieres d'agir & de parler de ces grands Hommes étoient conftamment douces, polies & honnêtes ; & plus ils étoient grands Saints & fçavans, plus ils étoient auffi humbles, affables & humains.

Saint Ambroife, ce grand homme, n'eft pas celui des Saints Peres qui ait eû le moins de politeffe ; auffi en donne-t-il des régles dans fes Ecrits. Nos manieres d'agir, dit-il, dans un endroit de fes ouvrages, nos façons de traiter avec les hommes, ne doivent pas être uniformes ; il faut nous comporter différemment avec les grands & avec les petits : à l'égard des premiers, il faut beaucoup de refpeÊt & d'attention : à l'égard des autres, il faut de la bonté, de la dou-

ceur, de la cordialité. N'eſt-ce
pas là ce qu'on nomme diſcré-
tion & ſçavoir vivre ?

Dans un autre endroit, le
même ſaint Docteur parle d'une
maniere encore plus formelle,
& plus étendüe, ſur le ſujet dont
il s'agit (*a*).

La bonté, dit-il, eſt agréable
à tout le monde ; & il n'eſt rien
qui s'inſinue plus aiſément dans
le cœur humain. Il eſt difficile,
& comme impoſſible, de ſentir
& de s'imaginer combien la
douceur de l'eſprit, la condeſ-
cendance & la modération dans
les manieres d'agir ; l'affabilité
& l'honnêteré dans les façons
de parler ; l'honneur & le reſpect
qu'on témoigne aux autres ; la
modeſtie dont on revêt ſa perſonne & ſon langage ; combien,

(*a*) *Lib.* 2. *Offic.* | *grata eſt omnibus bo-*
c. 7. *Popularis &* | *nitas.........*

dis-je, toutes ces chofes confpi-
rent à lier les cœurs, & à cimenter la tendreffe & la charité.
Tel eft le langage de cette grande lumiere de l'Eglife.

On ne doit pas douter que
les autres Saints Peres n'ayent
tenu dans les occafions le même
langage, & enfeigné les mêmes
maximes : à nous de les adopter, d'en être convaincus, de
les fuivre.

Vous venez de nous montrer,
mon Révérend Pere, dit alors
Monfieur le Commandeur, quelle eft l'importance & la néceffité de la qualité de bon Chrétien
prife en général, & confiderée
en elle-même ; & de celle de
parfait honnête-homme regar-
dée dans le même fens. Aurez-
vous la bonté de nous faire voir
maintenant l'importance & la
néceffité qu'il y a de réunir dans

le même sujet, ou plutôt de réunir chacun dans soi même, ces deux qualités importantes? On n'en doute pas, après tout ce que votre Révérence vient de nous dire, mais deux mots sur ce sujet ne gâteront rien.

Je vais vous obéir, Monsieur le Commandeur, lui dit le Pere, je l'ai d'ailleurs promis au commencement de la Conversation, je dois remplir ma parole.

Il est si important & si nécessaire de réunir dans soi-même les deux qualités de vrai Chrétien, & de parfait honnête-Homme, que sans cela l'on est ou criminel & ennemi de Dieu, ou mysantrope, & sans ami dans le monde. Criminel, si l'on n'a pas de la Religion & du Christianisme : mysantrope, si l'on n'a pas de l'honnêteté & du sçavoir vivre. Un homme qui est pieux & bon Chrétien, mais qui d'ailleurs manque de certains principes & de certaines maximes propres à l'honnête-homme, qui est rustique & impoli dans ses manieres, à quoi est-il bon ? à prier. Pour qui est-il bon ? pour lui-même : & voilà tout. L'homme poli, l'honnête-homme selon le monde, mais non pas selon Dieu, à quoi ressemble-t-il ? à un arbre, dont l'écorce est belle, mais dont la moële est gâtée : à un faux diamant qui brille, mais qui n'est pas de prix : à un sépulcre blanchi : à un mozolée superbe & bien travaillé au-dehors, mais noir, infect & horrible au-dedans. Le grand point pour être parfait, à tous égards, consiste à réunir dans sa personne une sincere & solide piété, avec une politesse aimable, & un honnête

sçavoir

fçavoir vivre. Quiconque trouvera le fecret de faire en foi cette précieufe union , il ne pourra qu'être agréable à fon Créateur ; & il fera du goût de bien des gens , pour ne pas dire de tout le monde.

Clement eft affez heureux pour avoir trouvé cet avantageux fecret. Dès que Clement paroît dans une compagnie , il la réjouit , il en fait les délices. La douceur eft peinte fur fa face. Il eft d'une affabilité qui ravit & qui enleve les cœurs. Ses manieres n'ont rien de rude ni de rebutant. Il n'eft point gêné, & il ne gêne perfonne. Eft-il feul ? vous le voyez modefte & gaïement férieux. Eft-il en compagnie ? on voit en lui de la retenue , mais auffi un fond de joye & de franchife, une politeffe & un fçavoir vivre, qui charment. Il a

Tome I. L

de la vertu ; mais fa vertu n'eft
point brutte ni difgracieufe , fa
piété n'eft nullement farouche :
elle eft non-feulement fincére &
folide , mais aimable & attraïante ; on peut la comparer à ces
fruits , qu'on cueille le matin
avant le lever du Soleil , qui font
au même tems bons au goût &
beaux à la vûe , par une certaine fleur qui les environne, &
qui les rend agréables aux yeux
de la perfonne qui veut s'en
nourrir. La vertu de Clement
eft fi agréable , que les moins
pieux l'eftiment & en font comme jaloux. Toujours ferme &
inébranlable dans l'accompliffe-
ment des devoirs & des préceptes , il n'oublie rien pour remplir auffi les confeils. En conféquence, il s'étudie à faire plaifir à tous ceux à qui il le peut ;
il exerce la libéralité , de même

que la charité. Il prête fans interêt dans les cas même où il
auroit des raifons fuffifantes pour
le recevoir fans crime & fans
ufure. Si on lui demande un
confeil, il le donne volontiers;
mais avec prudence. S'il enga-
ge fa parole, il la tient fcrupu-
leufement. Il eft tendre & com-
patiffant à l'égard des pauvres;
chaud & familier à l'égard de
fes amis; charitable & nullement vindicatif à l'égard de fes
ennemis. En un mot Clement
eft un modéle de vertu, d'honnêteté & de politeffe; tout le
monde l'eftime & le confidére;
tout le monde publie fes vertus
& fes belles qualités; & l'on dit
par-tout, que Clement eft également pieux & poli; auffi bon
Chrétien, qu'il eft parfait honnête-homme; en un mot qu'il
eft accompli.

Mais quelle différence entre Sevére & lui !

Sevére eft un homme grave, qui a de la vertu ; mais une vertu hériffée & auftere. Sa probité n'eft point gracieufe, elle reffemble à ces métaux riches, qui font encore en lingots, ou à ces fruits qu'on cueille au milieu du jour & de la chaleur. Sevére eft un homme fans goût dans la converfation ; il dit peu, & fans agrément. Il donne rarement ; auffi les préfens entrent rarement chez lui. Les manieres polies & honnêtes ne font nullement de fon génie : s'il les aime, c'eft dans autrui ; il ne fe plaît pas lui-même à les mettre en œuvre. Il laiffe, & il eft laiffé. Il falue peu, & il eft peu falué. Son indifférence eft payée de retour. Ses amis ne font gueres plus chauds à fon égard que

ſes ennemis ; en doit-on être
ſurpris ; il ne ſçait point vivre
de commerce ; il ignore l'art
d'attirer & de cimenter les cœurs.
On ſe contente donc de payer à
ſa vertu le tribut qu'on lui doit,
l'eſtime, la conſidération : mais
l'amour, l'affection, la confiance, c'eſt ce qu'on lui refuſe ſans
peine & ſans ménagement. Que
Sévére s'en plaigne à lui-même ;
il ne tient qu'à lui d'être aimé &
recherché, autant qu'il eſt eſtimé & conſideré. Qu'il marche
ſur les pas de Clement ſon Con-
citoyen ; qu'il uniſſe comme lui
la politeſſe avec la piété : les
devoirs de la vie civile avec
ceux du Chriſtianiſme ; & dès-
lors il deviendra l'objet des em-
preſſemens de ſes amis, des
tendreſſes de ſes parens, & des
éloges de tout le monde.

La lecture de ces caracteres,

qui réjouirent la Compagnie,
fut fuivie de quelques Stances,
que le Pere Romain fit *in-
promptu* fur le même fujet ; fa
verve fe trouvant animée par
tant de penfées & de fentimens,
dont il venoit de nous faire
part.

STANCES.

Retirez-vous, pécheurs, qui refufez de
    vivre
Selon les faintes Loix du grand Légifla-
    teur ;
Le monde & fes attraits, c'eft ce qui vous
    enyvre,
Et c'eft ce qui fera votre éternel malheur.

Ah ! Plutôt fervez Dieu, dont les mains
    font remplies
De bienfaits & de dons les plus délicieux ;
Confacrez-lui vos cœurs, & s'il le faut, vos
    vies :

Dans l'Empyrée un jour, vous ferez trop
    heureux.

※

Mais que votre vertu ne foit pas trop
    auftere ;
Formez, formez vos mœurs fur cet illuftre
    Saint, (a)
Dont la piété douce & nullement fevére
Lui gagna tous les cœurs, le rendit tout
    humain.

(a) Saint François de Sales.

CONVERSATION III.

*Maximes pieuses & Morales,
propres à former le Chrétien,
& l'Honnête-Homme.*

M. le Comte de CHATEAU-VIEUX.
M. le Commandeur de RICHEMONT.
M. le Chevalier DU BOURG.
Le Révérend Pere ROMAIN.

L'ABBE' AU-VRAY.

DANS la troisiéme Conver-
sation que j'eus l'honneur
de faire avec ces Messieurs &
avec ces Dames ; on s'y prit
d'abord par nous annoncer une
triste & fâcheuse nouvelle : elle
regarde Monsieur le Comte de
Château-Vieux. Ce Seigneur
étant allé ces jours passés dans
une maison de campagne, qu'il

a près de la Ville, pour s'y ré-
jouïr avec deux ou trois de ſes
amis, il eut le malheur en revenant de ſe caſſer un bras, &
d'être bleſſé dangereuſement à
la tête, ce qui arriva par une
chûte : ſon cheval eût peur, il
ſe cabra à l'occaſion de quelques coups de fuſil tirés par ſes
gens ſur un liévre qui traverſa le
chemin. Le Comte déja fort
âgé tomba, après quelques bonds
& quelques caracols ; & il eût
le malheur, comme je l'ai déja
dit, de ſe caſſer un bras, & d'ê-
tre au front très-dangereuſement
bleſſé. Monſieur le Commandeur ſon grand ami, qui pour des
raiſons n'avoit pas pû ſe trouver
à cette partie de plaiſir, ou plutôt de déplaiſir, vola chez le
Comte à la premiere nouvelle
qu'il eût de ce fâcheux accident.
Il offrit à ſon ami tous les ſervi-

ces qui pouvoient dépendre de lui. A sa priére il se nantit de sa cassette & de son porte-feuilles : Monsieur le Marquis de Château-Vieux son fils, & Madame la Comtesse son épouse, se trouvant tous les deux absens dans ce tems-là : Le Marquis étoit parti pour l'armée, & Madame la Comtesse pour les Eaux de Bourbon, qui lui avoient été ordonnées par un fameux Médecin. Le malade pria son ami Monsieur le Commandeur d'ouvrir le porte-feuilles, d'y chercher un petit ouvrage de sa façon, & d'en faire part, s'il le jugeoit à propos, aux Messieurs & aux Dames de notre Académie. Monsieur de Richemont chercha cet écrit, il le trouva, il en lût quelques lambeaux qui lui plûrent, & à la premiere occasion il nous en fit part avec

empreſſement. C'eſt un Recueil
de maximes Chrétiennes & morales, que Monſieur de Château-
Vieux avoit fait à loiſir, comme
pour ſe délaſſer : Quelques-unes
ſont en vers, la plûpart en proſe, mais toutes d'un ſtile ſenten-
tieux & qui donne à penſer. Il
n'y a pas un grand ordre dans
ces penſées, mais une certaine
liberté d'eſprit & d'imagination.
Les voici, telles que Monſieur
le Commandeur nous les lût.

MAXIMES CHRE'TIENNES ET MORALES.

I.

Aimer le Seigneur ardem-
ment ; chérir avec tendreſſe le
prochain ; ſe haïr ſaintement ſoi-
même ; trois chemins, qui con-
duiſent au même terme heureux,
qui eſt le Ciel.

II.

Mettre en Dieu toutes ſes eſ-
pérances , c'eſt une riche & a-
bondante ſource de conſolations,
de tranquilité , & de biens de
toute eſpéce.

III.

Allez où vous voudrez , tranf-
portez-vous juſqu'aux extrêmitez
de la terre : vous ne trouverez
en nul endroit la véritable paix
du cœur , que dans la région
des humbles : hâtons-nous d'entrer dans cet heureux pays , pour
n'en ſortir jamais.

IV.

La douceur eſt une clef d'or
qui ouvre tous les cœurs ; c'eſt
une Venus ſainte que tout le
monde aime ; c'eſt une grande
Reine qui domine partout ; une
conquérante qui ſe ſoûmet tout ;

(*a*) une entreméteuſe qui réuſſit en tout : c'eſt la vertu des belles ames.

V.

Un ennemi eſt un grand mal ; quand on le paye de retour : C'eſt un grand bien , lorſqu'on ne le voit qu'à travers le livre lumineux du ſaint Evangile , & avec des yeux d'agneau & de colombe.

VI.

Il y a beaucoup d'amis , & peu d'amis : beaucoup d'amis à demi & ſuperficiels : peu d'amis, en entier & intimes. Le jeu & la table forment les premiers ; ceux de la ſeconde eſpéce naiſ-ſent de la converſation , de la communication réciproque & du bon cœur.

(*b*) *Nihil manſue-* | Chryſ. Hom. 49. in *tudine violentius*. S. | Gen.

VII.

Un bon ami, un ami à tous égards, eſt un tréſor précieux : heureux qui l'a trouvé ! plus heureux celui qui ſçait ſe le conſerver !

VIII.

Un bon tour d'eſprit, un cœur droit & pieux, un certain fonds de ſciences, du talent pour les affaires ; voilà ce qui fait inconteſtablement l'homme de mérite ; une ſeule de ces qualités ne ſuffit pas.

IX.

Un homme à eſtimer, & au même tems un modéle à propoſer ſouvent ; c'eſt un Chrétien zélé pour la grande affaire de ſon ſalut, prudent, net & droit dans ſes affaires humaines.

X.

Aller trop vîte dans les affaires, c'eſt courir à leur perte ;

aller trop lentement, c'eft vouloir ne pas y réuffir; y marcher
d'un bon pas, voilà le jufte
point.

Que cela eft vrai ! s'écria Madame la Marquife. Cette maxime fe vérifie tous les jours : un
peu d'expérience en fait vive-
ment fentir la vérité. Celle qui
fuit, Madame, dit Monfieur le
Commandeur, n'eft pas moins
vraie : & du côté de l'expérience, elle n'en eft pas moins fenfible. Vous en jugerez par la
lecture que je vais en faire.

XI.

Les paffions de l'homme font
de petits tyrans qui le mettent
aux fers, s'il ne les enchaîne lui-
même le premier. Il en coûte
de les vaincre, mais il en coûte
bien plus d'en être vaincu. On
y perd la liberté, & on y ga-
gne le fouverain malheur.

XII.

L'homme a des paſſions,
Qui lui font une guerre,
Plus à craindre que le tonnerre.
Il faut fouler aux pieds ces dangereux
Lions ;
Nulle careſſe, nulle fête,
Aucun ménagement,
Dès le commencement
Qu'on leur coupe la tête.

Monſieur le Commandeur, après la lecture de cette maxime en vers, ſe tourna du côté de Monſieur le Chevalier ſon neveu, & il lui dit en ſoûriant : Chevalier, que dis-tu de cette maxime ? Es-tu dans le deſſein de couper la tête à tes paſſions dès qu'elles paroîtront ? Oui, mon cher oncle, répondit cet aimable neveu : je ſuis très-ſincerement dans ce deſſein pieux, & je prie le Ciel de ne permettre pas que je nourriſſe mes paſſions

fions déreglées , & que je m'abandonne à mes penchans mauvais ou dangereux. Je fuis ravi, mon cher enfant, reprit Monfieur le Commandeur, de vous voir dans ces fentimens qui font fi dignes d'un Chrétien, & d'un honnête-homme : tenez feulement bien votre parole, & fouvenez-vous toujours de ce que vous venez de me dire & de m'attefter en fi bonne compagnie. Mais je m'apperçois que le tems paffe, & que j'ai bien encore du chemin à faire ; car nos Maximes font encore en bon nombre. Cela étant, reprit Madame de Terre - Neuve, il me paroît que Monfieur le Commandeur feroit bien de lire une vingtaine de ces pieufes & louables Maximes, tout d'une tired'aile , & fans que perfonne l'interrompît. Toute l'Affemblée fut

Tome I.   K

de cet avis, & Monfieur de Richemont reprit fa lecture d'un ton toujours plus grave & plus gracieux.

XIII.

Nous n'avons dans ce monde, à proprement parler, qu'une affaire, c'eft celle du falut ; toutes les autres affaires difparoiffent en fa préfence, ou du moins elles n'y doivent paroître que comme fes fervantes.

XIV.

Le falut eft-il operé? Quel bien! A-t-on manqué ce coup? quel malheur! quelle infortune! Ciel!........

XV.

Pour réuffir dans l'importante affaire du falut, trois grands moyens : bien croire, bien faire, & bien fouffrir.

XVI.

En rien, rien de trop.

XVII.

En tout, il faut chercher le progrès de la sainteté, l'accroissement de notre future félicité, & l'augmentation de l'honneur divin.

XVIII.

Nos jours s'écoulent comme l'eau sous le pont; nos années se suivent, ainsi que les ondes d'un fleuve rapide: heureux ceux qui remplissent tous leurs momens d'œuvres saintes, qui sont la seule marchandise précieuse qui ait cours dans le siécle à venir.

XIX.

La politique, qui est l'art de dissimuler, a son tems & ses utilités: la simplicité, qui marche ouvertement & sans détour, est toute aimable: Rapprochons ces deux extrêmités, mêlons l'une

avec l'autre : le tout qui en naî-
tra sera parfait.

XX.

Une politique excessive & affectée fait mal au cœur : une
simplicité prudente plaît.

XXI.

J'aime les doux attraits de la simplicité,

Et je hais les excès de cette politique,

Qui rend l'homme changeant & comme
    lunatique ;

Loin de moi désormais tant de duplicité.

XXII.

Je vois grand nombre de
roües grandes & petites dans la
machine du monde corrompu ;
mais je m'apperçois en même
tems qu'elles portent toutes sur
les trois roües maîtresses, qu'on
nomme la superbe de la vie,
la concupiscence de la chair &
la cupidité des yeux : autrement
appellées l'orgueil, la volupté,

l'avarice. Qu'on détruise ces trois mauvaises & fatales roües, toute la machine tombera.

XXIII.

L'enfant court après le papillon ; l'araignée s'épuise pour prendre une mouche : l'homme ambitieux qui court après les honneurs, que fait-il davantage ?

XXIV.

Le commencement du plaisir est suivi de près de la fin : la tête & les pieds de la volupté font deux extrêmités qui se touchent.

XXV.

Le glaive est meurtrier, une infinité de gens en ont trop efficacement ressenti la pointe : telle est la volupté défendue, elle perce, elle blesse, elle tue l'ame & souvent le corps.

XXVI.

L'avare met fon cœur dans fon coffre. Ne feroit-il pas mieux placé dans le Ciel ?

XXVII.

Les richeffes du fiécle peuvent amufer & plaire en paffant; voilà tour.

XXVIII.

Quelle différence entre un diamant précieux & un caillou! Foible idée de la difproportion & de la différence infinie qui fe trouve entre les folides biens de l'éternité, & les biens fuperficiels du tems.

XXIX.

On fait la cour aux Grands; on fait cas des riches; on méprife les pauvres, & l'on oublie les petits. En fera-t-il de même dans l'éternité ? La parabole du mauvais Riche, & du pauvre

Lazare, décide fans replique la queftion.

XXX.

Il eft du Chrétien, d'imiter JESUS-CHRIST : du Saint, d'éviter les moindres fautes : du fçavant, d'inftruire les ignorans : & de l'honnête-homme de tenir fa parole.

XXXI.

Il y a des pécheurs fans nombre ; autant de pécheurs, autant d'infenfez. (*a*) Cette derniere qualité nous effraye ; pourquoi ne l'être pas de la premiere ?

XXXII.

Que faut-il pour fe fauver ? le vouloir. (*b*) Que faut-il pour

(*a*) *Stultorum infinitus eft numerus.* Eccle. 1.

(*b*) Saint Thomas d'Aquin répondit ainfi, à pareille demande, à fa propre fœur. Ce grand Docteur fuppofoit toujours la grace, qui eft néceffaire pour opérer le falut.

s'enrichir ? se dépouiller. Que faut-il pour être heureux ? pleurer. (a)

XXXIII.

La vûe du gain anime le négociant, échauffe le joueur, réjouit l'ame baffe. Le vrai Chrétien a des fentimens plus nobles. Ce qui l'anime, c'eft l'acquifition de cette gloire qui brille toujours, & de ces richeffes immenfes qu'on ne perd jamais.

XXXIV.

L'honnête-homme ignore l'art de mentir : la franchife, la bonne foi, la fincerité, c'eft ce qui lui plaît, & c'eft ce qu'il pratique.

XXXV.

Le menfonge eft quelque chofe de bien petit : les petits

a). Beati qui lu- | confolabuntur. Mat.
gent, quoniam ipfi | 5. 5.

enfans ;

enfans, les petits efprits, les petites gens mentent aifément. Un grand cœur ne ment point : une grande ame parle vrai : le menfonge eft une vraie petiteffe.

Monfieur le Chevalier, dit alors Madame la Marquife, j'ai remarqué dans vous un grand éloignement pour le menfonge; je vous en félicite, j'en loue le Seigneur, & je vous exhorte fortement à ne jamais changer de maxime en ce point. Madame, lui dit le Chevalier, vos avis feront fuivis ; ils font trop conformes à la loi & à la droite raifon, pour ne les pas adopter invariablement.

Je vois encore dans cet Ecrit une maxime fur le menfonge, reprit Monfieur le Commandeur. Chevalier, écoutez-là, ajouta-t-il, vous en ferez toujours plus fortifié dans la haine

Tome I.   L

que vous avez conçue de ce
vice.

XXXVI.

Mentir ; ce terme feul fait
bondir le cœur du parfait honnête-homme : Que fera-ce du
Chrétien ?

XXXVII.

Il y a une ufure permife ; c'eſt
celle qui naît de l'aumône, où
l'on donne peu, pour recevoir
beaucoup.

XXXVIII.

Il y a une avarice permife ;
c'eſt celle du tems, qu'on ne fçauroit trop ménager.

XXXIX.

Il y a une volupté permife ;
c'eſt celle qui vient des œuvres
faintes, qu'on ne fçauroit trop
pratiquer. Enfin il eſt une ambition permife ; c'eſt celle du
Ciel, qu'on ne fçauroit trop défirer.

XL.

L'homme fenfé penfe.........
& il opére.

L'homme étourdi opére.....
& il penfe......... fouvent trop
tard.

XLI.

Le défaut de réflexions rend
l'efprit pauvre , & la conduite
pitoyable.

XLII.

L'excès de réflexions rend
l'efprit trop riche , & la conduite embarraffée.

XLIII.

Réflexions exceffives , infinies , qu'operez-vous ? Vous jettez dans la folie ; vous engagez
dans des labyrinthes , dont on
ne voit point l'iffue ; vous enfantez l'inaction , & l'inutilité pa-
reffeufe. Trop de réflexions gâte tout.

XLIV.

Le tems d'un infenfible cours,
Nous mene à la fin de nos jours;
Il eft de la fage conduite,
Sans murmurer de ce défaut,
De nous confoler de fa fuite,
En le ménageant comme il faut. (a)

XLV.

Le tems eft court & mauvais;
(b) L'éternité eft infiniment longue & heureufe : (c) achetons
l'une au prix de l'autre.

XLVI.

Le tems paffe avec rapidi-
té. L'éternité s'approche à grands
pas ; operons le bien, évitons le
mal , & attendons-la de pied
ferme.

XLVII.

Vivre fans confeil, c'eft mar.

(a) L'Abbé Regnier,
(b) Dies.... pa vi & mali. Gen. 49. 9.
(c) On entend parler de l'éternité du Ciel

cher fans guide dans un pays inconnu : Se gouverner par fa tête, c'eft manquer de tête ; mais
non pas d'orgueil & de vanité.

XLVIII.

L'obéiffance eft une vertu fans
prix. Elle eft la mere de trois
filles aimables ; qu'on nomme,
la tranquilité de la confcience,
la fainteté des mœurs, la fureté
de la conduite.

XLIX.

Défirez - vous d'être fage &
prudent ? prenez & fuivez un
bon confeil. (*a*).

L.

La perfection n'eft pas peu de
chofe ; & cependant, dit un Ancien, elle confifte en peu de
chofe : un rien perfectionne, un
rien rend imparfait.

(*a*) *Si vis effe fa-* | S. Bern.
piens, efto obediens. |

L iij

LI.

Notre place, c'eſt notre état marqué avant tous les ſiécles dans les deſſeins divins : à nous de le connoître , d'y entrer, & d'en remplir les devoirs.

LII.

La vraie dévotion , la vraie piété (*a*) eſt bonne à tout : c'eſt un miel, qui adoucit tout : c'eſt un remede, qui guérit tout : c'eſt un vif aiguillon , qui anime à tout.

LIII.

Pluſieurs en veulent à la dé-votion ; ils ont tort : c'eſt aux faux dévots qu'ils doivent s'en prendre.

LIV.

Un vrai ſerviteur de MARIE ne périt point : Proverbe ſacré, qui eſt dans la bouche de tout

(*a*) *Pietas ad om-* | 4. 8.
nia utilis eſt. 1. Tim. |

le monde ; oſeroit-on s'inſcrire
en faux ?

L V.

Le petit enfant recourt à ſa
bonne mere dans tous ſes beſoins : il crie vers elle , il l'appelle dans tous ſes dangers ; voilà le modéle de notre conduite
à l'égard de MARIE.

L V I.

Invoquer les Saints avec une
religieuſe confiance , c'eſt la
maxime des Chrétiens pieux &
orthodoxes : en agir autrement ,
c'eſt être inſpiré par l'eſprit d'erreur, ou d'indévotion.

L V I I.

Aimer les procès ; c'eſt aimer
les ſoins , la dépenſe , & les diſ-
ſenſions. Les procès , il eſt vrai,
ſont des médecines qui tendent
à guérir de l'injuſtice ; mais ces
médecines ſont ameres & diſ-
pendieuſes : autant qu'il ſe peut,

il faut les éviter : le plutôt que l'on peut, il faut les terminer : fur-tout, par la voye paifible de l'accommodement. Tout le monde crie : un mauvais accommodement vaut mieux qu'un bon procès. J'ajoute : qui refu- fe un accommodement, s'en re- pent.

LVIII.

Maudit refpect humain, tu n'es bon qu'à étouffer les meil- leurs deffeins, & à faire échoüer les plus faintes entreprifes : tu fais en filence des maux infinis, en faifant éclipfer des biens fans nombre.

LIX.

Politeffe de nos jours, je n'ai garde de vous condamner ; mais que vous feriez loüable, fi vous vous reffentiez un peu de la fimplicité des anciens !

LX.

La raison éclairée des lumieres de la Foi, nous rappelle sans cesse aux devoirs du Chrétien & de l'honnête - homme. Répondons à sa voix ; suivons cette étoile brillante ; elle nous conduira jusques dans la maison du Seigneur.

Voilà donc, Monsieur le Commandeur, s'écria Madame la Marquise, toutes les Maximes contenues dans l'Ecrit de Monsieur le Comte de Château-Vieux. Oui, Madame, répondit le Commandeur, du moins ce sont toutes celles que j'ai pû déchiffrer. Il y a bien encore quelques pensées ; mais elles sont si embrouillées, par les effaçûres & par d'autres inconvéniens, qu'il faudroit avoir de bons yeux, & une bonne provision de patience, pour les débrouiller, ou

pour mieux dire pour les deviner.
Je réponds des bons yeux, reprit Monsieur le Chevalier, pour
ce qui est de la patience, je ne
m'en flatte pas trop. Quoiqu'il
en soit, j'y ferai de mon mieux,
& peut-être que la vivacité de
ma vûe m'épargnera la moitié
de la peine. C'est ce qui arriva
en effet ; car à peine cet aimable jeune-homme eût fait deux
ou trois tours de promenade
dans le parterre, qu'il revint
avec empreffement nous joindre, & nous faire part de fa
trouvaille. Paffez-moi ce terme,
mon cher Théophile, un peu
trop familier. Or, voici quelles
étoient ces penfées fi difficiles à
débrouiller.

I.

Il y a dix-fept fiécles & plus,
que le Rédempteur des hommes daigna pour leur amour,

souffrir d'horribles tourmens,
& mourir sur une Croix, en
préfence d'un grand peuple:
C'eft depuis cette grande & facrée époque, que les fouffrances ne font plus des fouffrances;
que les maux ne font plus des
maux; & que la Croix n'eft plus
Croix: tout cela eft changé en
délices par les charmes & les
douceurs d'un tendre amour,
qu'enfante la vûe de ce Dieu
fouffrant & mourant pour nous.

2.

Il faut fe brouiller avec fes
propres défauts, & leur faire
conftamment la guerre: mais il
faut fe réconcilier avec ceux
d'autrui, & vivre en paix avec
eux.

3.

Il eft des gens qui ne croyent
rien: il en eft qui croyent tout.
Les premiers font des prétendus

esprits forts ; les autres font des vrais esprits foibles : Pourquoi ne prendre pas un juste milieu ? Maxime qui ne doit pas trouver place en matiere de Foi. En fait de créance, nulle réferve : la plus petite eft un crime ; le moindre partage caufe la mort. (*a*) Quand Dieu revele, quand l'Eglife décide ; il faut croire, & croire tout.

4.

O que le bienfait de l'orthodoxie & de la vocation à la vraie Foi, eft un grand don ! Mais qu'il eft peu connu ! & qu'on en fait peu de cas ! Qu'on habite parmi les Payens, chez les Infidéles, ou les Hérétiques ; on ouvrira danspeu de jours les yeux, on connoîtra bientôt le prix de ce bienfait fignalé : mille fois

(*c*) *Divifum eft teribunt.* Ofiæ. 10. *oor corum, nunc in-* 2.

on bénira le Très-haut , de la bonté duquel on l'a reçû : & on le suppliera humblement de ne permettre jamais qu'il nous soit enlevé.

5.

Se conformer en tout à la volonté du souverain Maître, se faire un devoir & un plaisir de suivre en tout le bon plaisir divin ; c'est constamment la grande route qui mene à la sainteté, & qui conduit droit au salut.

6.

Désabusons-nous ; il faut perdre sa volonté, pour la retrouver ; il faut se haïr, pour s'aimer ; il faut se faire la guerre, pour vivre en paix.

L'homme qui de son Dieu gardant toutes
   les Loix,
Des folles passions sçait étouffer la voix
Est un zélé Chrétien, un parfait honnête
   homme.

Sur-tout fi la vertu, que politeſſe on nomme,
En fait comme l'émail, & le dehors brillant.
Qu'un tel homme à d'attraits ! qu'un tel homme eſt charmant !

7.

Nous ſommes tous des voyageurs en ce monde, où je ne
vois que deux chemins ; l'un à
droite, & l'autre à gauche : (a)
celui de la gauche eſt aiſé,
grand, large, ſpacieux. A droite ; c'eſt un petit ſentier rabo-
teux, difficile, rempli de ronces & d'épines. Il eſt tentant de
prendre la gauche, & de ſuivre
la foule qui y marche à grands
pas : mais prenons garde de ne

(a) *Intrate per an-*
guſtam portam, quia
lata porta, & ſpacio-
ſa via eſt, quæ du-
cit ad perditioném,
& multi ſunt, qui in-
trant per eam. Quàm
anguſta porta & arc-
ta via eſt, quæ ducit
ad vitam : & pauci
ſunt, qui inveniunt
eam. Math. 7. 13. 14.

pas donner dans ce piége, qui nous conduiroit au terme fatal, où l'on pleure à jamais. Gagnons le sentier étroit, marchons de compagnie avec le petit nombre des élûs; & nous arriverons enfin avec eux à la Cité sainte & permanente, dont parle l'Apôtre, & dont les habitans heureux jouiffent du fouverain bien, & de la félicité qui borne tous les défirs, & qui remplit tous les vœux.

Plaife au Ciel que ce foit là notre fort, s'écria pour lors Madame de Terre-Neuve, puiffions-nous atteindre à ce parfait bonheur, infiniment défirable pour tous; mais finguliérement pour l'ame de feu Monfieur le Comte de Château-Vieux. Eft-il donc mort? s'écria tout furpris le Pere Romain, je ne le croyois pas fi mal, ni fi dange-

reux. Oui, mon Révérend Pere, répondit la Marquise, il est
mort; & il n'est que trop vrai
que nous avons perdu ce bon
ami, & ce digne membre de
notre Académie : ma Femme de
chambre qui l'a vû expirer,
vient de me dire à l'oreille cette triste nouvelle. A ce mot,
Monsieur le Commandeur se le-
va brusquement, il passa dans
un appartement retiré pour y
gémir en liberté sur la perte &
la mort du meilleur de ses amis.
Tout de suite nous fimes une
priere pour le repos de l'ame
de ce vénérable Comte, que
nous regrettions tous sensible-
ment ; & nous nous séparâmes
tout pleins de l'idée triste de la
mort de cet illustre Gentilhom-
me. En m'en allant chez moi,
je rencontrai le Révérend Pere
Anastase son Confesseur, je le
priai

priai de s'arrêter un inftant, &
de me faire le détail des circon-
ftances de fa mort. Monfieur le
Comte de Château - Vieux, me
dit-il, eft mort comme il avoit
vêcu, je veux dire, en bon &
pieux Chrétien. Sa maladie n'a
été qu'un tiffu de bonnes penfées, de pieux fentimens, d'ac-
tes de patience, de réfignation,
de foi la plus ferme & la plus
vive, de la plus tendre confiance en la divine miféricorde, &
de la charité la plus ardente.

Il a eu prefque jufqu'à la
mort l'ufage des fens & de la
raifon. Après avoir reçû les Sacremens avec édification, après
avoir donné à fa confcience
tout le tems qu'elle pouvoit demander, il s'eft reffouvenu des
affaires de fa maifon; & en honnête-homme, il y a mis tout
l'ordre & tout l'arrangement que

Tome I. M

ses amis & ses parens pouvoient souhaiter. Quoique ses affaires ne fussent pas dérangées, il n'a pas laissé que d'y donner un meilleur ordre, par un testament mieux conçû & plus détaillé que celui qu'il avoit fait quelques années auparavant. Les pauvres n'y ont pas été oubliés, non plus que les Eglises : ses domestiques y sont nommés, de même que ses proches. Nul ne peut se plaindre, nul ne peut être mécontent. Ses dernieres paroles furent celles-ci : O mon Dieu, mon Créateur, je remets mon ame entre les bras de votre bonté paternelle, exercez sur elle votre divine miséricorde......... Jesus mon aimable Rédempteur, pardonnez-moi, sauvez-moi, cachez-moi dans votre sacré Cœur, & ne permettez pas que le dragon des

Enfers m'entraîne avec lui dans
l'éternel abîme....... M A R I E
Mere de grace , Avocate des
pécheurs, intercedez pour moi,
sur-tout dans l'inftant décifif de
la mort. Après avoir proferé ces
paroles édifiantes, il se tût ; &
un moment après il entra dans
une douce agonie , qui dura
trois heures : elle fut fuivie du
coup de la mort, qui fut doux ,
& nullement violent. O l'heureufe mort ! m'écriai-je, ah ! fi
la mienne pouvoit lui reffembler !

CONVERSATION IV.

L'Education.

Le Révérend Pere ROMAIN.
M. Le COMMANDEUR.
Me. la Marquiſe de TERRE-NEUVE.
Me. la Baron. de ROCHE-COLOMBE.
M. le Baron de ROQUE-PERTUIS.

L'ABBE' AU-VRAY.

EN vérité, je regrette beaucoup, s'écria d'abord le Pere Romain, feu Monſieur le
Comte de Château-Vieux : il
fera difficile de trouver dans la
Ville un ſujet propre à le rem-
placer ; je parle, par rapport à
notre Academie. Mon Pere,
dit alors Madame la Marquiſe,
j'ai trouvé celui qu'il nous faut :
C'eſt Monſieur le Baron de Ro-

que-Pertuis , qui a de l'eſprit ,
qui ſe plaît aux Belles-Lettres ,
& qui ne manque pas de droiture & de probité. Toute l'Aſſemblée approuva ce choix : & ce
qui eſt particulier, c'eſt que ce
Baron vint dans cet inſtant faire
une viſite de civilité à Madame-
la Marquiſe , qui s'empreſſa de
lui faire part de ce qui venoit
de ſe dire dans notre Aſſemblée
ſur ſon ſujet. Le Baron parut
plein de reconnoiſſance du choix
qu'on avoit fait de lui : il fit un
fort court , mais joli compliment à l'Aſſemblée ; & après
que nous l'eûmes prié de nous
régaler de quelques mets de ſa
façon , il nous lût un Sonnet en
bouts-rimez qu'il avoit remplis à
la priere du Chevalier du Bourg,
qui les lui avoit envoyés un
peu par malice : car il croyoit
l'embarraſſer. En effet les rimes

font affez finguliéres, & difficiles à remplir. Les voici, avec
l'ouvrage du Baron.

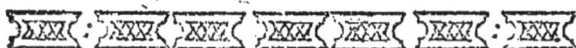

LE SOLDAT HONNETE-
HOMME,

Et brave de fa perfonne.

SONNET.

Retirez-vous, Venus, objet trop... agréable,
Pour ceux, dont le métier eft de faire.......
la cour ;
Mars fut toujours pour moi l'objet le plus....
aimable.
J'aime à forcer un rang, prendre un Fort,
une. t . . . Tour.
Après le Roi, je dis, vive le... Connétable :
Il dit, & j'obéis ; fallut-Il dans un. . . . . four
Se jetter, je fuis prêt : Tout me paroît......
faifable.
Dès que l'ordre eft donné ; je donne, & me
fais. t t a , jour.

꧁✻꧂

Le combat eſt fini ; je penſe alors à.... boire.

Semblable à ceux, qui vont vendre, acheter en . . . foire :

J'eus toujours toutefois en horreur ces.....
         Vilains,

Qui goûtent les excès, même les plus.....
        indignes.

Pour Dieu, de la vertu, je ſuis les juſtes....
        lignes.

Et d'ailleurs, tout eſt vû : Le public eſt
  un. . . . Linx.

Madame la Marquiſe, au nom de toute la Compagnie, remercia Monſieur le Baron de ſon Sonnet : Elle ajouta quelques termes flatteurs & de politeſſes ; elle lui dit, entr'autres choſes, que la chûte de ſon Sonnet ne tomberoit pas de ſon eſprit, qu'elle lui avoit fait trop d'impreſſion pour l'oublier, & qu'elle lui avoit paru trop neuve pour ne pas lui plaire. Monſieur

le Baron répondit aux politeſſes
de Madame la Marquiſe , par
des politeſſes & des honnêtetés
réciproques , qui furent ſuivies
d'un inſtant de ſilence , qui cou-
pa court à tous les complimens.
Madame de Saint-Evremont prit
alors la parole : Elle dit que les
Maximes Chrétiennes & morales qu'on avoit lûes dans la pré-
cédente Converſation , étoient à
la vérité très - propres pour former en nous le bon Chrétien &
l'honnête-homme : mais que cela ne ſuffiſoit pas. Combien ,
ajouta - t - elle , d'autres moyens
pour parvenir à ce but , qu'on
ne doit pas négliger ! Quels ſont
ces moyens ? Madame , dit alors
Monſieur le Chevalier. La belle & chrétienne éducation , la
converſation avec des gens d'eſprit & de probité ; la lecture des
bons livres , me paroiſſent être
des

des moyens très-propres, dit
Madame de Saint-Evremont,
pour devenir homme de bien,
homme poli & honnête. Souffrez, Madame, reprit le Pere
Romain, que j'ajoute à ces trois
moyens l'oraiſon qui ſert à tout:
mais ſinguliérement à devenir
pieux Chrétien, homme droit,
& même poli; car l'oraiſon eſt
la mere du cœur tranquille &
débonnaire, de l'eſprit doux,
affable & benin, & conſéquemment des manieres aimables &
honnêtes: or ſous le terme d'o-
raiſon, je comprend non-ſeulement la priére, dont il eſt plus
d'une eſpéce; mais auſſi la digne fréquentation des Sacremens, & l'aſſiſtance religieuſe
aux ſaints Offices. Me ſera-t-il
permis, s'écria Madame de Terre-Neuve, d'ajouter un dernier
moyen qui me paroît excellent

Tome I.   N

pour atteindre au but proposé?
Mon cœur ne seroit pas content,
si je ne l'exposois : c'est la dé-
votion vraie & solide à MARIE,
la digne Mere de Dieu, la tendre Mere des hommes, le refu-
ge & l'avocate des pécheurs.
Nous louames fort Madame la
Marquise d'avoir fait mention
de ce dernier moyen, & nous
lui fimes quelques complimens
de politesse, sur sa tendre dévotion envers la divine Mere; complimens, qui étoient sinceres,
& qui ne nous parurent pas hors
d'œuvre.

Madame la Marquise reprit
la parole, & s'adressant à Madame de Saint-Evremont, elle lui
parla ainsi : Madame, ma chere
cousine, il me semble lire dans
votre esprit réfléchissant & pen-
sif, bien de pensées solides &
délicates, sur le sujet de l'Edu-

cation ; moyen, que vous avez
indiqué, & qui eſt très-bon &
très-efficace, par rapport au fait
en queſtion : aurez-vous la bonté de nous faire part de vos penſées judicieuſes ſur ce ſujet important ? Vous voulez rire, Madame la Marquiſe, lui dit Madame de Saint-Evremont, d'exi-
ger de moi, que je parle la premiere ſur un ſujet de cette conſéquence. Non, repliqua la
Marquiſe, je ne ris point ; je
parle fort ſérieuſement, & je
vous en prie même avec inſtan-
ce. Qui pourroit vous réſiſter,
reprit Madame de Saint-Evremont ? puiſque vous me l'ordon-
nez, je parlerai ; voici mes petites penſées.

L'Education eſt un des plus
grands biens que l'on puiſſe ſou-
haiter & poſſéder en ce monde.
Les plus abondantes richeſſes,

les plus douces commodités de la vie ne font pas conftamment d'un prix égal à celui de l'Education.

L'Education bonne & telle qu'il la faut, vaut fûrement mieux que l'or du Perou le plus pur, que les plus fines pierreries des Indes, que les ouvrages les plus délicats de la Chine. La raifon en eft claire, c'eft que l'or, l'argent, les perles, les diamans précieux, les ouvrages les plus beaux & les plus réguliers, ne font que des biens hors de l'homme, des biens extérieurs qui ne fiégent pas, qui ne font pas reçûs dans la propre fubftance, dans la perfonne même de l'homme : au lieu que l'Education eft un bien vraiement intérieur, réellement réfident dans l'homme : c'eft un bien qui nous eft comme incor-

oré ; c'eſt un bien qui affecte
'ame, qui eſt reçû dans l'ame,
'où enſuite il paſſe & réjaillit
ur le corps, dont il régle &
olit les manieres d'agir & de
arler. L'Education eſt d'ail-
eurs un bien d'une nature &
'un genre fort au-deſſus des
iens matériels, ſenſibles, cor-
orels, & ſujets à la rouille ;
uiſque c'eſt un bien ſpirituel,
rès-ſublime dans ſa nature, très-
fficace dans ſes effets, très-pro-
re à nous rendre gens de méri-
e, hommes de bien, perſonnes
ʒtiles, honnêtes & agréables
ans la ſociété humaine. Au
urplus les biens de la fortune
ʒaſſent avec rapidité, ſoit qu'on
es conſidére eux-mêmes ; (ce
ont des biens caducs & paſſa-
ers), ſoit qu'on les enviſage
u côté de ceux qui en jouiſ-
ent, dont la vie eſt courte, dont

N iij

la mort eſt certaine, & ſouvent
très prompte ; ſoit qu'on les regarde, par rapport aux perſonnes qui en deviennent les maîtres : car les biens du ſiécle paſ-
ſent ſans ceſſe de main en
main, de maître en maître, de
domaine en domaine. Il n'en
eſt pas de même du grand bien
de l'Education : ce bien précieux eſt permanent, il ne paſſe
point, il dure autant que la vie ;
que dis-je, il s'étend au-delà des
bornes de la vie préſente : Car
n'eſt-ce pas l'Education qui contribue, qui influe infiniment à
la ſanctification & au ſalut ? O
grand bien de l'Education, ſi
vous étiez connu ! Combien de
peres, qui vous négligent, &
qui n'oublieroient rien pour vous
procurer à leurs enfans, s'ils
connoiſſoient votre prix & vos
utilitez ! Combien d'enfans qui

refusent de porter votre joug,
& qui feroient tous leurs efforts
pour vous posséder, & pour vivre sous vos loix & selon vos leçons, s'ils sçavoient de quels
avantages vous pouvez les mettre en possession ! Ah, que de
biens, que de fruits, que d'utilités émanent d'une belle &
chrétienne Education !

L'Education est comme une
seconde nature ; elle réforme le
naturel mauvais ; elle perfectionne le bon ; elle redresse ce qui
est tortueux ; elle corrige ce qui
est vicieux ; elle affermit ce qui
est foible ; elle releve ce qui est
tombé ; elle nous met dans le
bon chemin, & si l'on vient à
s'en écarter, tôt ou tard elle
nous y ramene.

L'Education cultive l'esprit,
elle rectifie le cœur, elle régle,
elle polit les actions & les mou-

vemens du corps. La piété, la
tempérance, l'union fraternelle,
la modeftie, font des qualités
bien eftimables ; ceux qui les
poffédent en font redevables,
au moins en partie, à l'Education. L'Education fert à tout ;
elle influe à tout ; elle entre dans
tout. C'eft un bon levain, qui
pénetre toute la pâte. C'eft un
onguent précieux, qui embau-
me toute la maifon. C'eft une
douce rofée, qui s'infinue in-
fenfiblement dans la terre ; je
veux dire, dans le cœur humain
& dans les manieres. Enfin l'E-
ducation eft une fource abon-
dante de mille biens, & un puiffant antidote contre mille maux :
D'où je conclus, que le fort de
ceux qui ont été bien élevés eft
à envier, & qu'au contraire ceux
qui ont été mal élevés font infiniment à plaindre.

En vérité, Madame ma che-
re couſine, s'écria pour lors
Madame la Marquiſe, je n'ai
pas eu tort de m'être adreſſée à
vous, dans la vûe que vous nous
fiſſiez l'honneur de nous parler
ſur la matiere de l'Education :
vous venez de nous en dire des
merveilles. C'eſt vous, mon illuſtre parente, repliqua Madame de Saint - Evremont, qui
nous en diriez des merveilles, ſi
vous vouliez bien vous donner
la peine de nous entretenir ſur
ce ſujet.

Mais que peut-on dire après
vous, reprit Madame de Terre-
Neuve ? Tout au plus je pourrois parler par la bouche d'autrui, & ajouter à vos réflexions,
celles d'un célébre Auteur du
tems, qui parle très-bien ſur l'E-
ducation : car de prétendre puiſer chez moi, je ſerois trop ſté-

rile ; vous m'avez enlevé , fans
me faire tort, les meilleures penfées que je pouvois avoir fur le
fujet qu'on traite. J'emprunte-
rai donc de ce pieux & célébre
Ecrivain, de quoi fournir pour
ma quotité à cet entretien : En
voici les termes & les penfées.

» La plûpart des Saints ont
» eu l'avantage d'avoir eu une
» Education fainte. Rien ne
» contribue tant au falut qu'une
» Education chrétienne. Les le-
» çons de ce premier âge font
» des impreffions qui s'effacent
» difficilement. Quel préjudice
» ne portent pas à leurs enfans
» ces parens qui manquent à ce
» premier devoir ! ils en font les
» premiers punis ; mais la péni-
» tence involontaire qu'ils en
» font expie-t-elle leur faute ? ...
» On peut dire, dit le même
» Auteur dans un autre endroit,

„ que toute la vie porte sur la
„ premiere Education ; il y au-
„ roit peu de libertins , ajoute-
„ t-il, si on avoit soin de don-
„ ner aux enfans une Education
„ chrétienne. Les premiers prin-
„ cipes sont toujours les derniers
„ à s'effacer.

Je citerois volontiers quelques autres endroits de cet Auteur, qui sont tout-à-fait du sujet , si la Compagnie me le per-
mettoit. Il ne tient qu'à vous ,
Madame , reprirent tous ces
Messieurs & les Dames de l'Assemblée, nous vous écouterons
avec plaisir, & nous ferons cas
des pensées de cet Auteur inconnu, que nous souhaiterions
pourtant bien connoître : Nous
nous flattons que vous ne nous
laisserez pas long-tems en désir,
& que vous satisferez notre par-
donnable curiosité. Messieurs ,

dit Madame de Terre-Neuve,
cet Auteur eſt fort connu quoique vous l'appelliés inconnu;
vous le connoiſſez ſans le connoître, & vous en tomberez
d'accord dès que je l'aurai nommé. C'eſt le Révérend Pere
Croizet Jeſuite, qui a ſi pieuſe-
ment & ſi abondamment écrit.
Puiſqu'on le ſouhaite, je ferai
donc part à l'Aſſemblée de quelques autres endroits de cet Auteur, qui conviennent fort au
ſujet dont nous parlons.

,, Une belle Education, en
,, cultivant l'eſprit & les mœurs,
,, apprend au même tems tous
,, les devoirs de la vie civile &
,, chrétienne ; & en formant l'eſ-
,, prit pour les ſciences, elle
,, l'inſtruit parfaitement des ré-
,, gles de la bienſéance, & de
,, tout ce qui ſert à rendre un
,, homme ſage, honnête, poli
,, & vertueux.

„ Quelque brillant que soit
„ l'esprit des jeunes gens, il faut
„ que l'Education le polisse ; on
„ ne sçauroit y travailler trop
„ tôt. Plus on est jeune , plus
„ on est souple ; un esprit formé,
„ plie ; mais il ne se redresse pas
„ toujours ; l'Education doit pré-
„ venir, pour ainsi dire, la rai-
„ son.

„ Il y a des devoirs de reli-
„ gion à remplir, des bienséan-
„ ces à garder , des sciences à
„ acquerir. Quelque beau natu-
„ rel , quelques belles qualités
„ qu'ait un jeune homme , s'il
„ manque d'Education , ce sera
„ tout au plus une bonne terre ,
„ mais inculte , qui ne portera
„ que des fleurs communes &
„ des fruits sauvages , qui ne
„ perdent jamais leur âprêté.

„ Comme l'Education est pro-
„ prement l'art de cultiver & de

„ former les jeunes gens, foit
„ pour les fciences, foit pour
„ les bonnes mœurs, & qu'elle
„ doit leur apprendre à remplir
„ tous les devoirs de la vie civi-
„ le, & de la vie chrétienne;
„ elle ne fçauroit être ni le fruit
„ du naturel, ni l'ouvrage de
„ quelques inftructions mal di-
„ gérées, ou données fans or-
„ dre & fans art. Il faut du tems,
„ des foins, de l'habileté, de la
„ méthode, pour élever la jeu-
„ neffe.

„ L'Education doit venir au
„ fecours de la naiffance; fans
„ elle les meilleures qualités de-
„ meurent infructueufes. Une
„ Education excellente, avec
„ un naturel médiocre, vaut
„ mieux que le plus riche natu-
„ rel du monde, avec une mé-
„ diocre Education.

„ La fcience du monde coû-

„ te moins que celle du ſalut.
„ On apprend bien plus aiſé-
„ ment les régles de la civilité,
„ qu'on ne ſuit celles de l'Evan-
„ gile ; les unes cependant ſer-
„ vent aux autres ; la politeſſe
„ ſans piété ne fit jamais un par-
„ fait honnête-homme. Une bel-
„ le Education ne ſépare jamais
„ ces deux qualités.

„ Il s'en faut bien qu'un jeune
„ libertin, qui a été bien élevé,
„ ſoit ſi éloigné de ſa conver-
„ ſion, qu'un autre ſans Educa-
„ tion........ On peut dire que
„ l'Education rend l'ame plus
„ docile : le vice épaiſſit l'eſprit ;
„ mais il n'étouffe jamais les pre-
„ miers principes d'honnêteté &
„ de religion.

„ L'Education apprend de
„ trop bonne heure à modérer
„ les paſſions, & à régler les in-
„ clinations de l'amour propre;

„ pour n'être pas d'un grand fe-
„ cours à la vertu. Elle donne
„ des régles de modeſtie, & des
„ inſtructions que la vertu adop-
„ te ; & comme les belles ma-
„ niéres ſont inſéparables de la
„ douceur, la piété trouve un
„ champ moins inculte ; elle
„ trouve, ce ſemble, moins de
„ ronces à arracher, moins d'ob-
„ ſtacles à vaincre. Il y a des
„ cœurs ſi bien faits ; il y a des
„ ames ſi bien nées ; des natu-
„ rels ſi riches & ſi heureux, qu'on
„ peut dire que la vertu leur
„ coûte peu ; & qu'ils ne laiſſent
„ preſque rien à faire à l'Educa-
„ tion. Mais qu'ils ſont rares !
„ Encore ont-ils beſoin de cul-
„ ture. Le plus beau naturel eſt
„ peu de choſe, à moins qu'on
„ n'ait ſoin de le perfectionner.

   „ Nul naturel ſi groſſier & ſi
„ brut qu'on ne poliſſe, & qu'on
           „ n'adouciſſe

,, n'adoucisse enfin , si on s'y
,, prend à bonne heure. Il faut
,, de l'habileté, il faut de la métho-
,, de : des soins industrieux en
,, matiére d'Education , ne font
,, jamais sans succès. Les jeunes
,, gens font des cires molles ,
,, ausquelles on imprime toutes
,, les figures qu'on veut.

,, Quel fonds plus précieux
,, peut laisser un pere à ses en-
,, fans , qu'une excellente Edu-
,, cation ! Mais quel honneur
,, peut faire à des enfans mal
,, élevés , un gros héritage ! Aussi
,, se fent-on plus obligés aux pa-
,, rens , de la bonne Education
,, qu'on a reçûe , que des grands
,, biens qu'ils nous ont laissés.

Monsieur le Commandeur ,
au nom de toute l'Assemblée ,
remercia fort Madame la Marquise des belles pensées qu'elle
venoit de nous communiquer.

Tome I.   Q

Il ajouta en soûriant ce petit
mot ; je vois bien , Madame,
que le Pere Croizet eſt votre
auteur favori. Votre goût eſt
bien placé. Cet Auteur eſt poli,
& délicat ; il eſt tendre & affe-
ctueux dans ſes mouvemens ; ſo-
lide & fécond dans ſes réflexions ; précis & moëleux dans
ſes Sentences ; ſes Ecrits en fait
de piété ſont très-copieux. Le
public ne lui eſt pas peu redevable , ſur-tout le pieux ſexe.

Monſieur le Commandeur ,
reprit la Marquiſe , votre éloge
en racourci du Révérend Pere
Croizet me plaît ſenſiblement ;
je ne voulois pas entreprendre
de le faire , je ſuis charmée qu'un
autre que moi l'ait fait , attendu qu'on auroit pû penſer , que
j'étois prévenue un peu trop en
faveur de mon Auteur de choix.
Mais laiſſons-là les broderies de

la converſation , revenons au ſérieux , qui eſt infiniment plus
utile. J'aurois une grace à demander au Révérend Pere Romain , c'eſt de nous faire part
de ſes penſées édifiantes & ſçavantes , touchant l'Education.
Le Révérend Pere eſt d'autant
plus en état de nous parler ſur
ce ſujet , qu'il eſt membre d'un
Corps qui fait gloire & profeſſion d'élever les jeunes gens.
Madame , répondit le Pere Romain , vos priéres ſont des ordres pour moi : le peu que je
ſçai ſur ce ſujet, je le débiterai
volontiers : ma marchandiſe ne
ſera guéres eſtimée, après de ſi
riches & de ſi belles penſées ſur
le même ſujet.

En tout cas, Madame, ajouta-t-il, je ſçai bien ce que je ferai ; je marcherai ſur vos traces ;
je parlerai le langage des autres.

Je citerai , j'aurai recours aux
Ecrivains facrés & aux Saints
Docteurs ; aux Auguftins, aux
Chryfoftomes............ & par
ce moyen je ferai riche du bien
d'autrui , je l'avoue , mais il
n'importe , ce larcin n'eft pas
défendu , fur-tout lorfqu'on a
prefque tout dit fur le fujet qu'on
traite , & qu'on a comme épuifé
la matiére. Après ce petit préambule , le Pere Romain parla tout
de fuite un affez long-tems , de
la façon qui fuit.

Qu'un fonds de terre foit cultivé avec foin , qu'une jeune
plante foit de même cultivée
avec empreffement , le fruit fui-
vra bien-tôt le foin , la culture
fera fuivie d'une agréable fécondité. Il en eft de même des enfans , s'ils font cultivés avec
foin , fi la bonne Education
vient au fecours du naturel, les

enfans répondront aux attentes
de leurs parens & de leurs maîtres : Ces jeunes plantes raiſon-
nables ſe redreſſeront ſi elles
ſont tortueuſes ; & ſi elles ſont
droites, elles croîtront à plaiſir.
Elles feront la joye de leurs peres, ſelon l'expreſſion du Sage,
(*a*) & peut-être que dans la ſuite
ces jeunes éleves deviendront
eux mêmes à leur tour les maîtres, & comme les petits Docteurs de ceux qui leur ont donné la vie, & procuré l'Education.

„ Ah ! Qu'il eſt bon, qu'il eſt
„ avantageux à l'homme de por-
„ ter l'aimable joug du Seigneur
„ dès la tendre jeuneſſe ! C'eſt
l'Eſprit Saint, par la bouche
d'un grand Prophête, qui nous
apprend cette vérité conſtante.

(*a*) *Filius ſapiens*, | verb. 10, 1.
lætificat Patrem. Pro- |

(*a*) Ne puis-je pas ajouter, & m'écrier ici de même ? Ah ! qu'il eſt bon, qu'il eſt avantageux à l'homme, d'avoir été bien élevé dès ſes premieres années ! qu'il eſt bon qu'il eſt utile, d'avoir été dès le berceau conduit, façonné, poli par la main d'une bonne & belle Education ! car ſi l'Enfant, ſi le petit Eleve plie le col ſous le joug divin, ſous les Loix de l'honnêteté ; n'eſt-ce pas, après la grace, à l'Education chrétienne & honnête qu'on lui a donné, quil en eſt redevable ? Combien de beaux naturels, qui ſe feroient gâtez en fait de vices, & de groſſiéreté, ſi l'Education n'étoit venuë à leur ſecours, & ne leur avoit ſervi d'un puiſſant & efficace préſervatif !

(*a*) *Bonum eſt vi- jugum ab adoleſcen-* *ro, cùm portaveri iia ſuâ.* Tren. 3. 27.

,, Un jeune homme, dit encore
,, l'Eſprit Saint, par l'organe du
,, plus ſage des Rois, qui dans le
,, cours de ſa jeuneſſe, embraſſe
,, un certain parti, & prend une
,, certaine route, il ſera conſtant
,, à la tenir, il ne s'en éloignera
,, pas, même dans ſes vieux jours.
D'où il eſt aiſé de conclure qu'il
eſt très-important,& très-eſſentiel
de prendre de bons principes dès
le commencement : de prendre
le droit chemin dès la jeuneſſe:de
ſe former des habitudes bonnes
& honnêtes, dans le premier âge
de la vie. Or n'eſt-ce pas par le
moyen de l'education, que l'on
prend ces bons principes ; que
l'on marche dans cette voie
droite, que l'on ſe fait ces bonnes
& ſaintes habitudes ? Oui, ſans

(a) *Adoleſcens,* | *non recedet ab eâ.*
juxta viam ſuam, | Eccl. 1.
etiam cùm ſenuerit, |

doute, l'Éducation sert à tout cela; & sans l'Education, d'ordinaire tout cela manque.

C'est une vérité reçûë par tout,
& par tout démontrée par l'expérience, que la mort répond à la
vie; que la mort est l'écho de la
vie; que la mort est semblable à
la vie; du moins dans le cours
ordinaire des choses. N'est-ce pas
aussi une vérité reçûë, & démontrée par tout par une expérience sensible, que le cours de la
vie est communément semblable
à la premiere Education; qu'il
répond à la premiere Education;
qu'il est comme l'écho de la
premiere Education: enforte que
si l'Education qu'on a reçûe dans
la premiere période de la vie, est
chrétienne & pieuse, l'on sera
dans la suite pieux & chrétien: si
l'Education a été honnête & polie, l'on sera poli, civil, & honnête:

si

ſi au contraire , on a été mal élevé en fait de piété , en fait de politeſſe ; on ſera dans la ſuite des biens petits partiſans de la vertu & des bienſéances, pour ne pas dire quelque choſe de plus.

Je n'ignore pas que dans l'âge viril , on eſt quelquefois bien different de ce qu'on a été dans le premier âge; je ſçai qu'une excellente Education eſt quelquefois ſuivie d'une vie déréglée & vicieuſe. Mais que s'enſuit-il de-là ? qu'on peut abuſer des meilleures choſes , & que ce qui arrive d'ordinaire, n'arrive pas toujours. Mais il ne s'enſuit pas que l'éducation ne ſoit d'une grande conſéquence ; qu'elle ne ſoit un point eſſentiel dans la vie humaine ; qu'elle ne ſoit infiniment à déſirer & à procurer aux jeunes gens , qui s'en reſſentent toute

Tome I,   P

leur vie peu ou beaucoup, & lef-
quels, s'ils viennent à déchoir
de la vertu, ou de la politeffe ; ils
y reviennent tôt ou tard, ex-
citez par les avis muets & con-
tinuels de l'Education, leur ancienne maîtreffe.

Le grand Apôtre étoit bien
perfuadé de l'importance & de
la néceffité de l'Education ; puifque dans fa premiere Epitre à
Timothée, fon cher Difciple, il
lui ordonne de ne choifir pour
Veuves de Charité, & de l'Eglife,
que celles qui parmi d'autres
bonnes qualitez, avoient eu un
zéle efficace de bien élever leurs
enfans. (a) Et cet Apôtre ne dit-il
pas dans la même Epitre, que le
Chrétien qui ne prend pas le foin
qu'il doit de fes enfans, qui ne
leur donne pas fes attentions,
qui ne veille pas fur ce qui les

(a) Si filios educavit, 1. Tim. 5. 10.

regarde., ſoit pour l'ame ., ſoit
pour le corps , eſt pire qu'un
infidéle ? En effet les infidéles
veillent ſur leurs enfans , & ils
leur donnent , à leur maniére ,
une Education convenable. (*a*)
„ Donnez à votre enfant , dit le
„ Sage dans le Livre ſacré des
„ Proverbes , une bonne & con-
„ venable Education : car par-là il
„ vous en arrivera du rafraichiſ-
„ ſement , & votre cœur en ſera
„ comblé de joie , & rempli de
„ délices. (*b*)

  „ Le Seigneur a-t-il verſé ſes
„ bénédictions dans votre maiſon,
„ avez-vous une poſterité , avez-
„ vous nombre d'enfans ; prenez à
„ tâche de les bien élever, dans leur

(*a*) *Si qui ſuorum & maximè domeſtico-rum, curam non ha-bet , fidem negavit , & eſt infideli deto-rior.* 1. Tim. 5. 8.

(*b*) *Erudi filium tuum , & refrigera-bit te , & dabit deli-cias animæ tuæ.* Pro-verb. 29. 17.

P ij

„ jeuneſſe. Ne manquez pas de les
„ faire plier ſous le joug d'une
„ bonne & convenable Educa-
„ tion. Tel eſt le langage de l'Auteur Sacré du divin livre de
l'Eccleſiaſtique. (*a*)

Les ſaints Peres ne parlent pas
autrement ; « Il n'eſt point de
« peres, dit le grand ſaint Ambroi-
« ſe, qui ne ſoit eſtimé par rapport
« à ſes enfans, s'il les a élevé avec
« ſoin , & ſelon les Loix de
« l'honnêteté , & d'une probité
« ſincere. Que ſi au contraire il a
« negligé leur Education, s'il les a
« abandonné à leurs volontez &
« à leurs deſirs déréglez ; loin
« d'en recevoir de la gloire &
« de la renommée, il ne pourra
« qu'en être blâmé , & taxé d'une
« criminelle négligence. (*b*)

(*a*) *Filii tibi ſunt,*
erudi illos , & curva
à pueritiâ illorum.

Eccl. 7. 15.
(*b*) *Unuſquiſque in*
filiis ſuis æſtimatur ſi

Saint Chryſoſtome dans ſon homelie neuviéme ſur la premiere Epitre de Saint Paul à Timothée, s'exprime de cette ſorte : " Nous avons un grand depôt " confié à nos ſoins & à notre vi- " gilance : ce ſont les enfans ; " ayons-en tout le ſoin poſſible, & " prenons garde que le voleur ru- " ſé, qui n'en veut qu'à nos ames, " ne nous les enléve, pour en faire " ſa malheureuſe proïe. (*a*)

Saint Auguſtin, cette grande lumiére de l'Egliſe, s'exprime encore plus clairement & plus au long ſur ce ſujet ; voici ſes penſées.

„ Qui eſt-ce qui ignore que le

---

benè filios ſuos inſti- | mus pretioſumque de-
tuit, & diſciplinis | poſitum, filios ; in-
erudivit : ſi quidem | genti illos ſervemus
ad negligentiam, patri | curâ : omnia facia-
refertur diſſolutio fi- | mus, ne ſerpens, eos
liorum. S. Amb. | à nobis, aſtutus au-
(*a*) Magnum habe- | ferat. S. Chryſoſt,

„ eſt l'étendue, pour ainſi par-
„ ler, de l'ignorance, de la vé-
„ rité, la fécondité de la con-
„ cupiſcence, & l'excès de la
„ cupidité, avec quoi l'homme
„ vient dans le monde? Si quel-
„ qu'un l'ignore, il n'a qu'à re-
„ marquer ce qui ſe paſſe dans
„ les jeunes enfans pour en être
„ convaincu. Nous voyons de
„ plus, que ſi on laiſſe vivre les
„ jeunes gens à leur gré ; ſi on
„ les abandonne à leurs volon-
„ tés & à leurs déſirs : il arrive
„ qu'ils tombent, ſi ce n'eſt pas
„ dans tous les vices, c'eſt du
„ moins dans pluſieurs ſortes de
„ péchés & de crimes. C'eſt
„ pourquoi il faut prendre un
„ ſoin zélé de leur Education,
„ ſoit en banniſſant la craſſe igno-
„ rance de leur eſprit, par les
„ lumiéres & les connoiſſances
„ qu'on s'efforcera de leur don-

„ ner, foit en n'oubliant rien
„ pour bien régler leurs mœurs
„ & leur conduite. C'eft là la
„ route que doivent tenir les pa-
„ rens, s'ils veulent voir leurs
„ enfans vertueux & dignes de
„ louange. (a)

Madame de Roche-Colombe,
qui dit peu, mais bien, s'écria
pour lors, en fe tournant du côté
du Pere Romain : En vérité,
mon Pere, vous pouviez bien
dire, que votre marchandife ne
feroit pas eftimée ; que voulez-
vous de mieux, que ce que vous
venez de nous communiquer, au
fujet de l'Education ? Madame,

(a) *Quis ignorat* | *veniat ? .... Ideo*
cum quantâ ignoran- | *que pueri funt eru-*
tiâ veritatis, quæ | *diendi ignorantiæ ex-*
jam in infantibus, eft | *pulfione, & morum*
manifefta ; & cùm | *informatione : Et his*
quantâ vanæ cupidi- | *officiis fedulò incum-*
tatis abundantiâ, quæ | *bere debent parentes,*
incipit apparere in | *fi bonos optent habere*
pueris, homo vitam | *filios. S. Aug.*

P iiij

répliqua le Pere, les endroits de
l'Ecriture & des Peres, que je
viens de rapporter, font très dignes d'eftime; ce que j'ai pû mettre du mien, voilà ce que je
prétends être de peu de valeur.
Laiffons les complimens, reprit la
Dame, & difons que les Dames
font à plaindre d'avoir fi peu
d'érudition, fi peu de litterature,
& d'etre obligées, quand elles
veulent parler, de puifer tout
chez elles, & de prendre tout,
comme l'on dit, dans leur fac. Il
eft quelques fçavantes de notre
fexe ; mais peu : elles font clair-
fémées ; les femmes ne font
d'ordinaire ni fort doctes, ni fort
défireufes de le devenir: Madame
la Marquife eft une exception à la
régle.

Madame, reprit le Pere,
les penfées des femmes d'efprit
ne font pas à coup fûr à meprifer;

elles ſont d'un tour délicat, ingénieux & naturel ; elles ſont obligées de puiſer dans leurs puits
pour la plûpart. J'en conviens ;
mais qu'importe ? L'eau qu'elles
puiſent chez elles eſt bonne, elle
eſt claire, elle eſt d'un goût particulier. L'eſprit des femmes a
quelque choſe de delié & de fin,
que l'eſprit de l'homme n'a pas.
Si les diſcours des femmes ne
ſont pas ſi ſçavans, ils n'en ſont
pas moins naturels, ni moins
vrais ; elles n'en parlent pas moins
raiſon : elles n'en ſont pas moins
juſtes dans leurs conceptions &
dans leurs termes : ce qui paroît
ſur-tout dans le ſtile épiſtolaire,
où elles excellent. Aprés-tout, il
ne dépendroit que des femmes
d'être ſçavantes ; les Dames de la
Sabliére, de Scudery, d'Acier
le montrent évidemment. Mais
ni l'état, ni les occupations des

perſonnes du ſexe ne demandent
pas d'elles une étendue de ſciences & de lumiéres ; le Souverain
de l'univers ne les a pas deſtinées
pour enſeigner ; mais pour d'autres vûes & d'autres fonctions,
que tout le monde ſçait ; & qui
ſuffiſent pour les ſanctifier, ſi
elles les rempliſſent chrétienne-
ment & avec fidélité. C'eſt ſur-
tout des premiers élemens de
l'Education, à l'égard de leurs
enfans, que les femmes doivent
ſoigneuſement s'occuper. C'eſt
un moyen de ſalut, & de ſainteté
par rapport à elles, dont le grand
Apôtre n'a pas manqué de faire
mention dans ſes Epitres ſaintes,
(a) & c'eſt conſtamment ce qui
fait leur gloire, que d'en uſer ainſi.
Quelle gloire, pour Madame la

(a) Salvabitur per | Si filios educavit. 5,
filiorum generatio- | 10.
nem. Tim. 1. 2. 15.

Marquife , d'avoir des enfans fi
bien élevez, fi honnêtes, fi polis,
fi pieux ! Quant à vous , Madame
la Baronne , fi vous en eufliez eu ;
vous en eufliez fait de petits
Saints, fans parler du refte. Pour
Madame de Saint Evremont, qui
a été fi bien élevée ; quelle Education n'auroit-elle pas donnée à
fes enfans, fi le Ciel eût daigné
exaucer fes vœux, & lui donner
une poftérité !

Après toutes ces politeffes, &
ces petits difcours interlinéaires ;
Monfieur le Commandeur nous
fit part de deux ou trois penfées ;
ou réflexions détachées , qui
furent fuivies de quelques vers
de fa façon, le tout, fur le fujet
d'un bonne & louable Edu-
cation.

La bonne Education eft la
mere de la piété, de la probité ,
de la droiture. (Les droits, & les

secours de la grace , toujours
suppofés, & mis à (part) la belle
Education enfante la politeffe &
le fçavoir vivre. Le point capital, c'est de réunir ces deux genres d'Education ; de deux , il
n'en faut faire qu'une.

Mon Dieu ! Que d'enfans né-
gligés dans le monde ! Que de
peres coupables ! Aux approches
de la mort, on ouvrira les yeux ;
mais alors pourra - t - on réparer
fes fautes ? Peres indolens, meres négligeantes, penfez férieu-
fement au compte redoutable
que le Juge fuprême vous fera
rendre un jour fur ce point important : Penfez-y très - férieufe-
ment, & rentrez dans votre devoir.

Les enfans gâtés font en
grand nombre : Quelle en eft la
caufe ? On leur fouffre tout ; on
leur paffe tout ; on les écoute

en tout ; on les flatte ; on les prie, au lieu de leur comman-der. On leur donne du miel & du lait, prefque jamais de l'ab-fynthe. Doit-on être furpris fi ces fils uniques font fi gâtés ? Si ces filles trop aimées font fi pré-cieufes ? Il faut de l'huile , il faut de la tendreffe ; mais auffi il faut du vinaigre & de la févéri-té, à l'égard des enfans. Trop d'indulgence gâte tout ; trop de févérité rebute ; un jufte mi-lieu.

L'EDUCATION.

HUITAIN.

Bonne Education, vous êtes un tréfor ;
Au-delà de tout prix , de toutes les efti-
     mes ;
C'eft vous, qui façonnez l'homme jufqu'à la
     mort ;

C'eft vous, qui banniffez de fon cœur tous
les crimes.

Heureux les jeunes gens, chez qui vous
habitez !

Vous leur fervez d'ami, d'une feconde
mere :

Vous leur donnez la paix dans les fociétés;

Et vous les conduifez jufqu'au célefte
Pere.

CONVERSATION V.

L'Education.

Le Révérend Pere ROMAIN.
Monfieur le COMMANDEUR.
M. le Baron de ROQUE-PERTUIS.
Madame la MARQUISE.
Mᵉ de ROCHE-COLOMBE.
MM.

L'ABBE' AU-VRAY.

Monsieur le Commandeur parla le premier dans cette Converfation : Après quelques petits préambules qui venoient fort à propos, il fe tourna vers le Pere Romain, il le pria de dire ce qu'il penfoit ; touchanr la maniére de bien élever les jeunes gens ; ajoutant qu'en fait d'Education, & même en toutes chofes, la maniére de s'y prendre faifoit beaucoup, qu'elle étoit d'une grande conféquence, & qu'il ne falloit nullement la négliger. Le Pere répondit à Monfieur le Commandeur avec fa politeffe ordinaire : & voyant que toute l'Affemblée étoit en goût de l'entendre parler, touchant la maniére de donner l'Education aux enfans; il prit la parole avec feu, & il nous dit là-deffus bien des chofes, tout d'une tire-d'aîle. Voici fes termes & fes penfées.

La diftinction des idées donne beaucoup de clarté aux difcours : diftinguons donc d'abord les différentes fortes d'Education.

Il eft une Education bonne & pieufe, c'eft celle qui enfeigne le bien, & qui tourne, qui fait pancher l'Eleve du côté de la vertu.

II

Il eſt une Education mauvaiſe & criminelle ; c'eſt celle qui
fait connoître le mal , & qui en
donne du goût , qui inſpire le
vice , ou qui le fomente.

L'Education belle & noble
fait une troiſiéme eſpéce d'Education : ſes droits ſont de cultiver l'eſprit ; de polir les façons
d'opérer & de parler ; d'enſeigner les belles maniéres ; d'apprendre les devoirs de la vie
civile & les loix de la politeſſe.

Une quatriéme ſorte d'Education , c'eſt l'Education ruſti-
que & groſſiére , qui laiſſe l'homme dans un état de groſſiéreté ,
dans l'ignorance des belles maniéres , dans une ſituation qui
ne convient qu'aux perſonnes du
bas étage.

Pour donner une bonne &
pieuſe Education aux enfans , il
n'eſt nul doute qu'il ne faille

Tome I.   Q

d'abord leur infpirer l'horreur
du vice, la haine du crime, l'a-
verfion du péché ; & conféquemment il eft très - fûr qu'il
faut éviter fouverainement de
leur donner une Education vi-
cieufe & mauvaife : Ah ! Qu'il
faut être mauvais pere, mauvaife mere, maître mauvais & vicieux, pour infpirer aux enfans
le crime : pour les porter expreffément au vice ; pour leur
enfeigner formellement le mal.
Cependant cela arrive, & il n'arrive que trop fouvent dans le
monde, même chrétien...

Ce pere injufte & voleur apprend fes tours de fineffe, de
fourberie, d'injuftice à l'héritier
futur de fes biens, l'actuel héritier de fa malice.

Ce pere emporté & vindicatif excite fon fils à la vengeance;
tantôt par des ordres formels;

tantôt par des railleries piquantes ; quelquefois par des leçons mondaines , qui regardent le point d'honneur.

Cette mere livrée à l'esprit du monde, y livre sa fille, en lui enseignant les airs de vanité ; les modes dangereuses ; les secrets de l'intrigue ; en lui mettant entre les mains des livres propres à gâter tout à la fois & l'esprit & le cœur.

Ce maître mauvais & corrompu dans le cœur & dans l'esprit, abuse de la docilité de son éleve ; lui fait goûter le vice avec le lait, ou bien il insinue dans son esprit susceptible de toutes les impressions, des opinions erronnées, tendantes à la rebellions contre l'Eglise ; & au mépris de celui qui en est le Chef. O Ciel ! Quelles sortes d'Education ! Quelles sont mau-

Q ij

vaifes, défectueufes, blâmables,
& dignes des foudres & des carreaux éternels !

Autre genre d'Education mauvaife, c'eft celle qui, fans enfeigner
ouvertement le vice, le fomente, le maintient, le laiffe croître ; ou par une ignorance indo-
lente & digne de punition ; ou
par une diffimulation, une politique mal conçûe & impruden-
te; ou par des corrections lâches,
foibles & trop rares.

Hely, Grand Prêtre de la Loi
ancienne, corrigeoit fes enfans ;
mais foiblement, & d'une façon
à tolerer leur crime d'irreligion,
qui tendoit à éloigner le peuple
des facrifices du Seigneur. Sa
foibleffe, fa négligence qui fo-
mentoient les vices de fes deux
fils Ophny & Phineez, fut févé-
rement punie. Dieu lui prédit
d'abord les châtimens qu'il vou-

loit en faire, par l'organe du
jeune Prophete Samuel. Les
effets ſuivirent la prédiction.
Ophny & Phineez périrent à la
fleur de l'âge par une mort violente. Hely mourut ſubitement
d'une chûte. La ſouveraine Sa-
crificature paſſa en d'autres
mains : la poſterité d'Hely en
fut ignominieuſement privée.
Tels furent les fruits de l'indo-
lence de ce grand Prêtre, & de
ſes lâches corrections à l'égard
de ſes enfans.

Le péché eſt une tache, une
ſouillure, une difformité mon-
ſtrueuſe ; le péché eſt l'ennemi
de notre tranquilité dans cette
vie, & de notre bonheur dans
l'autre. Le péché nous attire
mille maux temporels, tels que
ſont les guerres, les contagions,
les indigences, les famines, les
pertes, les infirmités. Le péché

eft le pere fatal de la réproba-
tion, & du malheur qui ne finit
point. Comment donc pouvoir
fe réfoudre à le fouffrir dans
ceux que l'on cultive ? dans les
jeunes gens qu'on a commis à
nos foins ? dans un fils qu'on
doit aimer, & conféquemment
qu'on doit châtier & corriger
fuivant cette maxime facrée &
fi connue : *Qui diligit filium, af-
fiduat illi flagella* : Le pere qui
aime bien fon fils, le corrige &
le châtie fouvent. (*a*)

Un fils, un éleve qu'on ne
corrige pas dans fes jeunes ans,
loin d'être la joie de fon pere &
la gloire de fon maître, il devient au contraire dans la fuite
le fujet de la triftefle, & comme l'ignominie de l'un & de
l'autre.

Un enfant au contraire dont

(*a*) Eccl. 30. 1.

on a retranché les vices & les
défauts par des corrections assi-
dues & prudentes ; qui en conséquence est doué de sagesse &
de piété, fait la joie & les délices de son pere , & l'on peut
ajouter de son maître vigilant.
(*a*)

On doit veiller avec d'autant
plus de soin & de zéle sur la
conduite des jeunes gens pour en
éloigner le vice , que si on y
manque dans ce bas âge , on n'y
sera plus à tems dans un âge
plus avancé. L'arbre sera trop
gros, trop fort, trop enraciné ;
on ne pourra plus le plier, le
redresser. Et tel jeune homme
auroit été dans la suite un Chrétien exemplaire & pieux, si on
l'eût châtié de ses fautes, & si
on eût coupé chemin à ses vi-

(*a*) *Filius sapiens* verb. 10. 1.
lætificat patrem. Pro-

cés naiſſans , qui ſera dans le
cours de ſa vie , par le défaut de
châtiment & de vigilance de la
part de ſes parens ou de ſes maîtres , un petit & peut-être un
grand libertin.

O qu'il eſt important de re-
dreſſer la jeune plante dès le
commencement ! O qu'il eſt de
conſéquence de corriger bien-
tôt le jeune homme , & de couper, dès qu'elles commencent à
paroître , les mauvaiſes herbes
qui naiſſent dans ſon parterre,
je veux dire ſon cœur ! Tandis que le mal eſt jeune il faut
le guérir.

Penſée qui ſurprend , mais qui
n'en eſt pas moins vraïe : un Pere
flatteur & trop indulgent à l'é-
gard de ſes enfans , (j'en dis de
même d'un maître , à l'égard de
ſes éléves) devient leur bourreau
cruel. Comment cela ? C'eſt
qu'il

qu'il leur donne le coup fatal de
la mort, par son silence, & par sa
complaisance indigne. Mais de
quel genre de mort les fait-il
mourir ? D'une mort , qui est
d'autant plus funeste & plus
pernicieuse, qu'elle est spirituelle,
& souvent même éternelle.

Malheur aux enfans à qui l'on
passe tout : que l'on flatte , que
l'on ménage avec excès : que l'on
n'ose corriger & punir dans la
saison, pour ainsi parler, destinée
à le faire.

Mais malheur en même tems,
à ceux qui leur souffrent tout ; qui
les flattent en tout. Les uns & les
autres en gemiront un jour : mais
le mal sera sans remede ; les
gemissemens & les larmes seront pour lors à pure perte.

Il est donc essentiel de corriger les vices, dans les jeunes éléves, de les en punir, de ne pas les

Tome I. R

flatter par trop de tendreſſe, ou
de lâcheté. Le principe eſt ſûr:
Mais comment le remplir, comment s'y prendre? Voici ce que
j'en penſe.

Il faut d'abord ſuppoſer comme
une maxime indubitable, que
l'on doit garder un milieu dans
les correĉtions, de même que
dans les careſſes. L'excès de
repréhenſions, de correĉtions,
de châtiments, ſerre le cœur du
jeune-homme; lui ôte le gout, &
l'amour du bien; le rebute, le jette
dans le chagrin, & le reduit
quelquefois au point de quelque
extrémité fâcheuſe. Il faut donc
un milieu ici, tout comme
ailleurs; l'excès gâteroit tout.

Cette maxime ſuppoſée, il
me paroît que ce que l'on peut
dire de mieux touchant la maniére
de corriger les jeunes gens; c'eſt
ce qui eſt marqué dans ces trois

endroits de l'Ecriture, dont le dernier a dejà été cité ; mais qui pourtant revient ici fort à propos.

1 „ Reprenez avec autorité, „ dit l'Apotre, & faites-le avec „ une autorité entiére- (*a*)

2. „ Avertiſſez à tems & à con-„ tre-tems. (*b*)

3. „ Le pere qui aime ſon fils, „ dit le Sage, ne lui épargne „ point la verge. „ Donnons un plus grand jour à ces trois divines maximes.

Reprendre avec autorité.

Il faut reprendre avec auto-rité les enfans, & le faire avec une entiére autorité. L'on ne doit pas corriger, & reprendre

(*a*) *Argue cum omni imperio.* Tit. 2. 17.
(*b*) *Inſta opportu-nè, importunè.* Tim.

2. 4. 2.
(*c*) *Qui diligit fi-lium, aſſiduat illi fla-gella.* Eccli. 30. 1.

R ij

les jeunes gens, ainſi que l'on fait
les vieillards, à qui l'on doit du
reſpect, & que l'on reprend avec
modeſtie; plutôt en ſuppliant,
qu'en maître. Il n'en doit pas être
de même, à l'egard des enfans:
il faut à leur égard, de certaines maniéres d'autorité, de
façons de faire, & de parler, qui
reſſentent le maître, le comman-
dant, le ſupérieur. Pourquoi
cela? C'eſt que ſans cette maniére d'autorité & d'empire, les
jeunes éleves s'élevent contre
leurs maîtres; les jeunes enfans
contre leurs péres; les petits
inférieurs contre leurs ſupérieurs: ou tout au moins ils agiſ-
ſent comme de pair à compa-
gnon; ils ſe mettent au même niveau; & ils renverſent par là
le bon ordre, & la ſubordination. Sur quoi je dirai en paſſant,
que je me ſuis ſenti quelquefois,

comme bondir le cœur, enten-
dant chez le bas peuple, certains
peres, certaines méres, parler à
leurs enfans en termes lâches;
leur commander en termes de
suppliant; leur prescrire ce qu'ils
avoient à faire avec des expressions, où il n'y avoit nulle éner-
gie, nulle force : Faites mon
ami, telle chose, s'il vous plait...
si vous faites cela, je vous don-
nerai telle récompense..... faites
moi ce plaisir.. venez ici, allez-
là, je vous en prie....... De pareilles façons de s'énoncer ne
font-elles pas mal au cœur ? Et
doit-on s'étonner, qu'en conséquence de ces maniéres de parler, d'ordonner & de prescrire,
les enfans de ces sortes de gens
leur soient désobéissans ? leur
manquent de respect ? & fassent
dans la maison les petits maîtres ? Ah ! que les enfans des

R iij

Payfans feroient bien mieux élevés, & d'une foumiffion, d'une
tournure bien différente, fi leurs
parens leur parloient en maîtres ;
s'ils les corrigeoient en maîtres ;
s'ils exigeoient ce qu'ils exi-
gent d'eux, avec un air d'autorité & de fupérieur ; d'une maniére un peu vive & animée ;
non par des vûes de vanité &
d'orgueil ; mais par des raifons
de prudence, de fageffe, & d'u-
ne jufte fubordination.

Avertir & reprendre fouvent les jeunes gens.

Il ne faut pas fe contenter de
reprendre les jeunes gens de
tems en tems, & dans certaines
occafions favorables : mais on
doit les reprendre & les corriger, fur-tout de paroles, fouvent & très-fouvent, à tems & à
contre tems ; fréquemment &

avec affiduité : C'eft par-là que
l'on viendra à bout de fon deffein , & que l'on réuffira dans
fes corrections ; car par l'affiduité à reprendre & à remontrer ,
l'on imprimera bien avant dans
les jeunes efprits des idées juftes
& raifonnables , & l'on fera
couler, avec le fecours de la
grace , dans les jeunes & tendres cœurs , des fentimens pieux
& Chrétiens , des fentimens de
droiture & d'honnêteté. Ce qui
n'arriveroit pas , fans doute , fi
les remontrances & les repré-
henfions étoient rares ; & cela à
caufe de la légereté , & du peu
de réflexions des enfans. Il en
eft d'eux , comme d'une ftatue de
pierre;on ne la forme,on ne la perfectionne qu'à force de coups , &
de coups multipliez à l'infini:L'on
ne vient à bout de former & de
perfectionner un jeune homme

qu'à force de corrections, d'exhortations, de menaces, de remontrances. Ce qu'on leur dit
rarement, s'efface aisément de
leur mémoire, s'envole bien vîte, devient inutile ; & pour parler
proverbe : autant en emporte le
vent.

Châtier les enfans, c'est les aimer.

Les corrections de paroles à
l'égard des jeunes gens font bonnes, mais elles ne fuffifent pas :
il faut par rapport à eux quelque
chofe de plus. Quoi ? des châtimens, des punitions réelles :
les paroles de correction & de
reproche, c'est un air battu, que
les jeunes éleves ne redoutent
pas beaucoup. Les châtimens
fenfibles, les punitions corpo-
relles ; c'est ce qui les touche,
c'est ce qui les pique, c'est ce
qui les anime. La verge fait bien

marcher l'âneffe. L'éperon donne du feu au cheval. Le châtiment un peu fenfible corrige le jeune homme de fes défauts, & l'excite au bien. C'eft ce que l'on apperçoit tous les jours avec fatisfaction.

Mais, dira-t-on, n'eft ce pas une efpéce de cruauté d'employer la verge ou d'autres inftrumens femblables à l'égard d'un enfant, d'un difciple jeune & tendre, qui ne péche que par inadvertance, par ignorance, ou par foibleffe?

Non, ce n'eft pas une cruauté, mais plutôt une maniére de pitié & de tendreffe, que de punir ainfi les fautes des jeunes gens : *In hâc re crudelem effe, genus quoddam pietatis eft :* Penfée ingénieufe d'un grand Docteur, *(a)* que l'on peut ici adop-

_____
(a) Saint Jérôme.

ter avec raifon. Oui, l'on peut
dire dans la vérité, que la févérité eft, en ce fait, une vraie pitié, & que ce qui femble cruauté, eft au fond une véritable
compaffion. Car en quoi confifte la véritable compaffion, la
vraie pitié? Elle confifte, fans
doute, à prendre part aux maux
du prochain, à y être fenfible,
& à faire fes efforts pour les
éloigner de ceux qui font l'objet de notre tendreffe. Or, qui
prend plus de part aux maux
véritables du prochain? Qui eft-
ce qui s'efforce davantage de
les éloigner de lui, que le fupérieur qui punit fes inférieurs,
qu'un pere qui châtie fon enfant, qu'un maître qui corrige
fes difciples, dans des vûes de
charité & de prudence? Ce pere, ce maître, ce fupérieur, s'ils
n'étoient pas fenfibles aux maux

& aux vices de leurs inférieurs ,
ils les laifferoient en repos , ils
ne leur diroient rien : ils regar-
deroient leur état fâcheux avec
des yeux d'indifférence, ainfi que
nous voyons , qu'il fe pratique
tous les jours à l'égard de ceux
avec qui l'on n'a pas de la focié-
té & de la liaifon. Puifqu'ils ne
les laiffent donc pas vivre en repos , & à leur gré dans leurs défauts & leurs imperfections ;
c'eft une marque fûre & nullement équivoque , qu'ils les aiment , & qu'ils prennent part
aux maux de même qu'aux biens
qui les regardent. D'ailleurs en
les puniffant & en les châtiant
ainfi, ils prennent le moyen le
plus efficace, & la plus courte
voye , pour bannir de leur cœur,
de leur efprit, de leurs maniéres les défauts, les vices & les
imperfections qui commencent

à y paroître, & qui fans cela y croîtroient, s'y fortifieroient, y regneroient dans la fuite, avec empire & en paix.

Mais, dira cette mere tendre, ce pere foible & trop compatiſſant, je ne puis me réſoudre à frapper, à châtier ſenſiblement : ma tendreſſe en ſouffre trop ; je ne ſçaurois me faire cette violence ; je ne puis point gagner ſur moi d'appéſantir ma main ſur mes foibles & jeunes enfans.

Parens trop tendres, foibles & fans cœur, où eſt donc la raiſon ? Où eſt la force d'eſprit ? où eſt le courage mâle ? Vous ne pouvez pas châtier, ditesvous ; dites plutôt que vous ne le voulez pas : car quand on veut, & que l'on veut bien, on opére, on fait, on exécute ſon deſſein ; ſur-tout lorſque les ob-

stacles ne font pas infurmonta-
bles, & d'une exceffive difficulté. Parens, à qui je parle, rap-
pellez vos forces, contenez votre tendreffe, dans l'enceinte
d'une jufte févérité ; châtiez par
un effort, & par un principe de
raifon. Et fi vous ne pouvez
vous défendre de verfer des
larmes en châtiant ; fouvenez-vous, qu'il vaut beaucoup
mieux pleurer avec vos enfans,
en les puniffant, que de répandre
dans la fuite, pour avoir manqué
de le faire, des torrens de larmes, dont la fource funefte foit
leur déréglement & leur mauvaife vie.

Etes-vous riches ? ayez des
précepteurs, ou des gouvernan-
tes, felon le fexe & la qualité
de vos enfans. Choififfez des
perfonnes d'efprit, de capacité,
de vertu, qui ayent de la force

& de la fermeté, afin qu'elles puiſſent ſuppléer à votre défaut de ſévérité & de courage. Afin qu'elles corrigent, ce qu'il faut corriger ; qu'elles puniſſent, ce qu'il faut punir ; & qu'elles arrêtent le cours d'un petit & jeune mal, qui étant flatté pourroit devenir dans la ſuite un grand mal, un vieux mal, un mal incurable.

Du reſte, les châtimens des enfans ne doivent pas être à l'égard de tous, de la même nature. Le ſel de la prudence eſt ici néceſſaire. Il faut punir bien différemment les enfans des grands, & les enfans des petits. Les enfans des princes, & les enfans des ſujets. Les enfans des nobles, & les enfans des roturiers. Les arrêts, la priſon honnête, une chiquenaude, pour m'exprimer ainſi, ſuffiſent à l'égard des premiers ; à l'égard des autres, la ferule, la verge, le fouet, peuvent utilement être employez.

Dans le champ du jeune homme, il ne faut pas ſe contenter de travailler pour en ôter les pierres & les épines ; les plantes & les arbriſſeaux, qui ne produiſent que des fruits mauvais & ſauvages ; il faut encore s'étudier à y planter de bons arbres, de bonnes & utiles plantes, de fleurs belles & agréables. Parlons ſans figure ; il faut après avoir retranché les vices & les défauts de ſes éleves, leur donner du goût pour les vertus ; leur inſpirer l'amour du bien ; les tourner du côté du Ciel ; en un mot, il faut ne rien oublier pour leur donner une bonne & chrétienne Education. De ne

point donner aux enfans une vi-
cieuse & mauvaise Education ;
c'est le premier devoir du pere,
ou du maître qui éleve : de leur
en donner une bonne, sainte &
pieuse, c'est le deuxiéme & le
dernier devoir des parens & des
maîtres : *Declina à malo, & fac
bonum* : Deux grandes maximes
de la morale Chrétienne, qui
ont un rapport essentiel, une
liaison étroite entr'elles : Evitez
le mal, & faites le bien : Fuyez
le péché, & pratiquez la vertu ;
ces deux objets sont nécessaires.
Il en est de même à l'égard de
l'Education. On doit d'abord
souverainement éviter d'inspirer
aux jeunes gens le vice, ou de
le fomenter & le maintenir chez
eux : conséquemment il faut
avec zéle prendre garde de ne
pas leur donner une mauvaise
Education. Il ne faut pas s'arrêter

rêter là pour remplir en entier
ſon devoir , il faut au ſurplus
s'efforcer de donner aux enfans
commis à nos ſoins une ſainte
& bonne Education , en jettant
ſans ceſſe dans leur cœur le bon
grain de la parole édifiante , en
les portant inceſſamment au
bien , en leur inſpirant fréquemment des maximes Chrétiennes
puiſées dans le Livre divin du
ſaint Evangile , dans les Livres
ſacrez de la Bible , dans les Ouvrages des Saints Peres , plutôt
que dans les Ecrits d'un Séne-
que , d'un Socrate , d'un Platon,
où la vertu & les maximes morales ſe trouvent quelquefois de
compagnie avec des préjugez
payens , avec des idées de pure
poſſibilité , avec des opinions
fauſſes & erronnées. Ce qui eſt
cependant bon , droit & raiſonnable chez les anciens , n'eſt pas

Tome I. S

à méprifer ; on peut au-deffous
des maximes & des leçons divines des Ecritures, en placer quelques-unes de leur façon ; cet
emprunt eft permis, il peut être
utile ; il enrichit la mémoire, il
peut influer au bien, fortifier
dans la vertu, maintenir dans le
devoir.

Reprenons ces penféés ; &
difons, que pour réuffir efficacement dans le deffein où l'on
eft de donner une bonne &
chrétienne Education à fes éleves, il faut ufer de deux grands
moyens ; l'un eft, l'inftruction ;
l'autre, le bon exemple. Par
l'organe de la parole, on dirige,
on montre le bien, on éclaire.
Par l'efficacité du pieux exemple, on anime, on échauffe, on
entraîne au bien & à la vertu,
fur-tout les jeunes gens, qui font
naturellement portez à imiter &
à fuivre.

L'Inſtruction.

Il faut donner aux jeunes gens des inſtructions fréquentes, il faut ſouvent leur inculquer les mêmes véritez. Il faut ſouvent avec eux, comme l'on dit, battre le fer ; tantôt par occaſion, & comme par ricochet ; tantôt par des exhortations plus ſuivies, plus amples & plus expreſſes. Les inſtructions d'occaſion, de hazard, nullement méditées, ſont d'ordinaire mieux reçûes & mieux retenues par les jeunes gens, qui n'écoutent pas toujours avec beaucoup d'attention ce qu'on dit de préparé & de ſuivi : & qui d'ailleurs ſe tiennent ſouvent en garde contre les inſtructions en forme ; tandis que celles qu'on ne leur donne que par occaſion, entrent plus aiſément dans leur cœur, & font

dans leur mémoire une impreffion plus vive & plus forte. Ces
deux maniéres d'inftructions font
bonnes, chacune dans fon efpéce & dans fon tems. Il faut les
employer tour à tour, & ne
point fe laffer.

Rien de plus pernicieux que
les maximes fauffes & mauvaifes ; elles contribuent à mille
maux. Ce font des fources amé-
res, de pépinieres fatales d'une
infinité de fautes, de vices, de
péchez. Malheureux l'homme,
dont l'efprit eft imbu de pareilles maximes. Doublement mal-
heureufes les perfonnes qui les
fément, & qui les infpirent ; elles offenfent Dieu, & elles le
font offenfer. Elles font coupables par elles-mêmes, & elles le
font par autrui : Quel compte à
rendre au fouverain Juge ! Quelle attention ne doit-on pas avoir

dans quelle circonſpection ne
doit-on pas être, pour ne pas
inſpirer aux jeunes gens des maximes fauſſes, en fait de doctrine ou de mœurs; de maximes
erronnées, ou qui tendent au
mal?.

Mais par la loi des contraires,
rien n'eſt mieux que de faire
couler dans l'eſprit du jeune
homme des maximes ſaintes,
chrétiennes & droites. Par-là
on enrichit ſa mémoire; on
éclaire ſon eſprit; on dirige ſa
conduite; on redreſſe ſes pas;
on ſanctifie ſon ame, & l'on
tourne ſon cœur du côté du
bien & de la droiture. Une terre nouvellement défrichée, ſe-
mée de pur froment, donne à
ſon maître une bonne & précieuſe recolte. Le jeune homme qui eſt pénétré de bonnes &
droites maximes, portera dans la

fuite d'excellens fruits de piété,
de foumiffion, de douceur, de
clémence, de bonté, de charité, de compaffion & de tendreffe pour les malheureux.
Quelle confolation ! quelle joie
pour les parens & pour les maîtres, qui ont élevé de telles perfonnes, lorfqu'ils les voyent
porter à foifon des fruits d'im-
mortalité !

Les Maximes moëleufes de
feu Monfieur le Comte de Château-Vieux, dont Monfieur le
Commandeur a eu la bonté de
nous faire la lecture peu de tems
après fa mort, pourroient utilement être infpirées aux jeunes
gens, & à toutes fortes de perfonnes. Les bornes d'une Converfation ne me permettent pas
d'entrer dans un grand détail en
fait de maximes bonnes & mauvaifes ; il feroit pourtant bon de

connoître les unes & les autres :
les bonnes, pour les fuivre,
les mauvaifes, pour s'en éloigner. Je vais en dire deux mots
à la volée.

L'efprit du monde a mis au
jour une infinité de maximes
fauffes & pernicieufes, que les
parens mondains n'enfeignent
que trop aux enfans que le Ciel
leur a donné, & qu'ils donnent
eux-mêmes à l'ennemi du Ciel,
en leur inculquant fans ceffe les
maximes qui font de fon goût &
de fon invention.

„ Amaffez du bien à quelque
„ prix que ce foit. Sortez de la
„ pouffiere, élevez-vous. Van-
„ gez avec éclat ou fourdement,
„ felon que vous le pourrez, les
„ injures & les mépris. Couron-
„ nez-vous de rofes, jouiffez
„ des plaifirs de la vie. Paroif-
„ fez, jouez, brillez. Suivez les

„ modes (souvent très-indécen-
„ tes). Fuyez tout ce qui sent
„ le dévotisme. Voilà le précis
„ des maximes mondaines. Mal-
„ heur à qui les enseigne, mal-
„ heur à qui les suit.

Mais heureux ceux qui par
des leçons réïtérées, transmet-
tent à leur jeune posterité les
maximes saintes du Christianisme & de la vraie piété. Ah !
qu'ils sont louables de dire sans
cesse à ces jeunes enfans :

„ Adorez Dieu, anéantissez-
„ vous en sa présence, aimez-le
„ de grand cœur & sans réser-
„ ve. Remplissez toute la Loi.
„ Evitez tous les péchez. Ache-
„ tez au prix du bon emploi du
„ tems, l'Éternité céleste & bien-
„ heureuse. Allez au-devant de
„ la mort, en vous la rappellant
„ souvent en idée, & vivez d'u-
„ ne maniére qui puisse vous
　　　　　　　„ procurer

„ procurer de la joie & de la
„ tranquilité, lorſqu'elle ſera en-
„ fin arrivée chez vous. Ne vous
„ vengez point, crainte de dé-
„ plaire à Dieu, qui vous ven-
„ gera dans ſon tems : ou ſi vous
„ voulez vous venger, faites-le à
„ la façon des Saints, en faiſant
„ du bien à ceux qui vous font
„ du mal. Tout eſt vanité dans ce
„ monde, dit le Sage; (*a*) ſi
„ nous exceptons l'amour & le
„ ſervice de Dieu, ajoute un cé-
„ lébre & pieux Auteur. (*b*) **La**
„ beauté du corps eſt une roſe
„ qui brille le matin, qui ſe fane
„ à midi, & qui le ſoir n'eſt plus
„ rien. C'eſt à la beauté de l'a-
„ me qui dure & qui plaît tou-
„ jours, qu'il faut s'attacher. Soyez
„ droits ; ſoyez honnêtes gens ;

(*a*) *Vanitas vani-* | (*b*) *Thomas à Kem-*
tatum, & omnia va- | *pis.* L. 1. c. 1.
nitas. Eccl. 1. 1.

Tome I. T

„ aimez la juſtice; exercez la cha-
„ rité. Telles ſont les maximes
„ ſaintes & chrétiennes, qu'il eſt
„ bon, qu'il eſt important d'in-
„ culquer ſouvent aux jeunes
„ gens. Ils ſont Chrétiens, ne faut-
„ il pas leur parler en Chrétien?
„ La Foi l'exige, & la raiſon ne
„ s'y oppoſe pas.

Encore deux penſées ſur le
ſujet de l'inſtruction qu'on doit
aux enfans.

L'animal brute n'agit que par
le poids de l'inclination, ou par
les impreſſions de la violence.
Mais l'être raiſonnable, ſe porte aux objets par la force, & par
les lumiéres de la raiſon; de-là
l'uſage parmi les hommes, de
s'exciter, de s'exhorter les uns
les autres, à certains deſſeins; &
cela par des vûes de récompenſe,
de devoir, de plaiſir, d'interêt;
ce qui ne ſe pratique nullement

à l'egard des animaux privez de
la raison. Quelle conséquence de
ce principe ? Qu'on ne doit point
élever les jeunes hommes ;
comme les jeunes animaux, toû-
jours la verge à la main, le bras
levé, le feu dans les yeux, les
menaces dans la bouche ; mais
qu'il faut leur parler raison ; les
exhorter au bien, par des motifs
raisonnables ; les exciter à la vertu
par des vûës de devoir, de piété,
de récompense : les faire agir
humainement & volontiers, en
hommes libres, & non point en
esclaves. La verge seule ne fait
pas agir, & marcher l'animal
raisonnable : quelque jeune qu'il
soit, il faut quelque chose de
plus : l'exhortation, l'instruction,
la direction, la proposition des
motifs : le tout cependant pro-
portionnément à la capacité, à
l'esprit, & à l'âge des enfans

commis à nos foins. En deux mots, l'inftrument de la langue, & celui de la verge, étant joints enfemble, & agiffant de concert, operent des merveilles à l'egard des jeunes éleves.

Il eft aifé & tout naturel de montrer à des voyageurs, qui courent rifque de s'égarer, le droit chemin qui conduit à leur terme: il eft de même trés facile, & trés naturel, de montrer aux jeunés gens qui pourroient fe perdre, le chemin de la vertu, la route du bien, la voye qui conduit au Ciel, & au vrai bonheur. Quoi de plus aifé, que de dire, que de montrer, que d'exhorter! Mais plus la chofe eft aifée, plus l'on fera coupable & digne de châtiment, fi on vient à la negliger, & à l'omettre.

Le bon exemple.

Le difficile n'eft pas d'inftruire

& d'indiquer le chemin : le mal-
aisé confiste à faire ce que l'on
dit ; à marcher soi-même le premier ; c'est là le grand nœud de
la difficulté : C'est-là où se trouve la peine, & c'est aussi là l'é-
cueil ou échouent tant de beaux
diseurs paresseux, dont on peut
dire ce que le Sauveur divin disoit des Pharisiens : *Dicunt, &*
non faciunt, (*a*) ils parlent bien ;
mais ils opérent mal : Leurs œuvres ne répondent pas à leurs
discours, leurs actions sont fort
différentes de leurs paroles : Or,
c'est ce qu'il faut souverainement éviter en fait d'Education.
Car si l'on veut efficacement y
réussir, & former véritablement
au bien les jeunes gens ; il faut
se résoudre à les instruire d'exemples, à les enseigner d'actions ,
aussi-bien que de paroles ; à mar-

(*a*) S. Math. Cap. 22. 3.

T iij

cher devant eux, & à combat-
tre à leur tête l'ennemi du bien
& de la vertu : fans quoi on ne
fera rien, on perdra fes peines,
& l'on ne réuffira nullement.
On aura beau dire aux jeunes
gens : Soyez chaftes, foyez mo-
deftes, foyez tempérans, foyez
humbles, foyez doux, pardon-
nez les injures, oubliez les affronts, foyez laborieux, fuyez
l'oifiveté, rempliffez vos devoirs ; ils n'en feront rien, ou
du moins très-peu, s'ils remar-
quent dans leurs maîtres, ou
dans leurs parens les vices contraires aux vertus qu'ils leur
prêchent. JESUS-CHRIST le
modéle des maîtres, le Maître
fouverain des hommes, étant
fur la terre, commença par faire, par exécuter ; enfuite il donna fes divines Leçons. (a) C'eft

(a) Cœpit Jefus facere, & docere. Act. 1. 1.

ce que les perſonnes deſtinées à
enſeigner les ſciences & les vertus doivent faire. Il faut qu'ils
ſondent le gué, qu'ils faſſent la
trace, qu'ils peignent ſur le tableau de leur vie les vertus &
les perfections qu'ils déſirent
voir, & établir dans leurs élè-
ves: au moyen de quoi leurs vûes
ſeront remplies.

Rien ne tient contre le bon
exemple; tôt ou tard, il opére;
il entraîne, il anime au bien.
Le bon exemple parle un langage qui va droit au cœur; & ce
langage ne renferme pas des termes & des paroles; mais des
traits, des impreſſions, dont la
force anime & tourne le cœur
du bon côté, avec une ſuavité
& une douceur qu'on peut ſentir, mais qu'on ne peut exprimer. Les paroles, dit-on, re-
muent, mais le bon exemple
T iiij

entraîne. (*a*) La voye de l'inftruction, dit un Ancien, conduit à la vertu, mais le chemin
eft long ; la route du bon exemple y mene droit & bien-tôt.
(*b*) Mais le mauvais exemple....
Ciel ! de quels maux n'eft-il
pas le funefte pere ? Comme un
vent impétueux, il pouffe vive-
ment au mal. Il entraîne efficacement, fur-tout les jeunes
cœurs, vers le vice. Il fait des
opérations d'enfer dans un jour,
plus que les difcours les plus
éloquens ne feroient d'impref-
fions pieufes dans un mois. En
vérité, en vérité le mauvais
exemple eft une pefte & un poifon infiniment à craindre. Le
bon exemple au contraire eft la
fource d'une infinité de biens,

(*a*) *Verbo movent,* | (*b*) *Breve iter per*
exempla trahunt. Se- | *exempla, longum per*
neq. | *praecepta.* Id.

& il eſt d'une odeur auſſi agréable que ſalutaire.

Après avoir parlé de la ſorte, le Pere Romain ſe tût, & il parut rougir un peu. Madame la Marquiſe lui en demanda la cauſe ; c'eſt, répondit-il, que je ſuis honteux d'avoir tant parlé en préſence de mes maîtres ; & d'avoir ſi long-tems, comme l'on dit, tenu le bureau, dans une Aſſemblée où chacun pourroit ſi bien dire, & ſe faire attentivement écouter. Si vous n'avez pas d'autres raiſons, mon Révérend Pere, reprit la Marquiſe, ceſſez de rougir : Quand on dit bien, on n'eſt point ennuyeux ; & quand on eſt prié de parler, on ne doit point ſe repentir de l'avoir fait.

Loin d'être ennuyé de vous entendre, mon Révérend Pere, reprit pour lors Monſieur de Ri-

chemont , nous souhaiterions
être encore vos auditeurs ; la
matiére de l'Education vous
convient par merveille : S'il
agréoit à votre Révérence de
continuer à nous entretenir sur
l'Education , & singuliérement
sur la belle Education , dont
vous nous avez fait espérer que
vous nous parleriez , nous vous
serions bien obligez. Je parle
au nom de tous , parce que je
pense que toute l'Assemblée est
de mon sentiment , & que ces
Dames & ces Messieurs n'ont
pas là-dessus d'autres désirs que
moi. Monsieur le Commandeur,
dit alors le Pere Romain , je
parlerai puisqu'on le souhaite ;
mais ce ne sera , s'il vous plaît,
qu'à mon tour. J'aime à écouter , & il ne me convient pas de
parler toujours , & de prendre
un air de maître dans une As-

semblée, où je dois me reconnoître le plus petit. Hé bien, Pere Romain, reprit Madame la Marquise, on fera selon vos vœux ; mais commencez toujours, il est bienséant que vous entamiez un sujet, tel qu'est celui de la belle Education ; vous en avez ouvert l'idée au commencement, & dans votre Ordre on se pique de donner aux jeunes gens une Education belle, polie & honnête, sur le fondement toutefois de l'Education pieuse & chrétienne. On veut que je parle le premier, dit le Pere, j'y consens, puisqu'on l'ordonne ; la déférence est une vertu qui plaît, & qui prend sa source dans la charité & le sçavoir vivre.

La belle Education est digne d'un enfant de qualité & de bonne famille : elle peut même convenir à toute forte de jeunes gens de quelque extraction, & de quelque origine qu'ils puiſſent être.

La belle Education eſt la maîtreſſe des politeſſes & des belles maniéres ; elle eſt la ſource de mille petits ruiſſeaux agréables ; elle produit mille bons effets ; elle eſt d'un prix ſupérieur. Les plus précieuſes pierres des régions éloignées ne ſont pas à beaucoup près d'une égale valeur : ſi elle étoit connue de bien des gens qui la négligent, elle feroit l'objet de leur zéle ; ils n'oublieroient rien pour la procurer à ceux qui ont droit de leur demander, & leur pain & leur Education.

L'Education bonne & pieuſe fait l'homme bon & vrai Chrétien : l'Education belle & honnête fait l'homme agréable, poli & cultivé. Si l'Education chrétienne rend l'arbre ſain, droit & bon. La belle Education rend l'arbre beau, agréable & bien taillé. La premiere, avouons-le, eſt plus eſſentielle, & d'une néceſſité plus grande : la derniere eſt plus attraïante, & d'une utilité plus ſenſible & plus marquée. L'une eſt plus importante, l'autre eſt plus charmante. L'une eſt une Lia, & l'autre une Rachel. Ce ſont deux ſœurs d'un vrai mérite, chacune dans ſon eſpéce : le point à déſirer conſiſte à les faire habiter ſous le même toit, je veux dire, à les réunir dans la même perſonne, à les procurer au même ſujet.

Vous penſez & vous parlez juſte, mon Révérend Pere, dit alors Madame de Saint-Evremont, ces deux genres d'Education ſont fort bons ; ils ſont à souhaiter ; ils font à procurer, à quelque prix que ce foit, aux jeunes gens qui dépendent de nous ; les richeffes ne doivent point ici être épargnées, non plus que les foins. Rien ne convient mieux qu'une bonne & chrétienne Education : mais rien ne fied mieux auffi qu'une Education belle & parfaite : s'il falloit choifir pour jouir de l'une à l'exclufion de l'autre, je préfererois la premiere, en gémiffant de me voir privée de la deuxiéme.

Monfieur le Baron, s'écria dans cet inftant Madame la Marquife, que penfez-vous de la belle Education ? Dites-nous-en quelque chofe : je fuis en goût de vous entendre, honorez-nous de quelques-unes de vos réflexions. Madame, dit alors le Baron, la belle Education polit au

même tems & le corps & l'efprit de l'homme. Les maniéres,
les mouvemens, les geftes du
corps, fe réglent & fe poliffent
par le moyen de la belle Education ; ainfi que les fentimens,
les vœux & les mœurs fe dirigent & fe rectifient par la voye
d'une Education fainte & pieufe : les penfées, les paroles, les
difcours fe reffentent de la belle
& honnête Education ; de même que les ouvrages d'efprit, &
les deffeins différens que l'on
forme dans le cours de la vie.
C'eft la belle Education qui
donne un certain air d'aifance,
un certain fonds de politeffe,
une certaine facilité à fe montrer ; à faire la converfation ; à
entrer chez les Grands ; à ac-
cueillir les petits, ou les égaux.
C'eft l'Education honnête, belle & parfaite qui enrichit l'ef-

prit des beaux Arts & des Belles-Lettres, de la connoissance des Langues. C'est par son organe que la mémoire se remplit d'idées utiles, agréables & dignes d'un honnête-homme. Les pensées ingénieuses des Auteurs modernes, de même que les belles pensées des Anciens; les riches expressions, les termes du beau langage, les tours de phrase heureux & du bon goût, passent, si l'on peut parler ainsi, par les mains de la belle Education, pour parvenir jusqu'à nous? Enfin la belle Education est une pépinière fertile de mille sortes de fruits bons au goût, agréables à la vûe, & très propres à exciter le zéle des parens, & à ranimer l'attention des maîtres, afin de procurer ce grand bien à leurs tendres & jeunes éleves.

J'ai

J'ai eu l'honneur de vous entendre avec bien du plaifir, dit
pour lors Madame la Marquife,
à Monfieur le Baron; mais je
ne fuis pas encore fatisfaite en
entier. Je voudrois fçavoir par
votre moyen dans quel endroit
du monde, dans quelle maifon
réguliére, je pourrois envoyer
mes trois fils, le Marquis, le
Chevalier, & mon jeune Abbé,
pour y être bien élevés.

Madame, reprit Monfieur de
Roque-Pertuis, je penfe que
vous ne fçauriez prendre un
meilleur parti, pour procurer à
vos jeunes Meffieurs une bonne
& belle Education, que de les
envoyer à Paris, au College de
Louis le Grand. Cette maifon
eft fameufe. L'Education que
les Révérends Peres Jefuites y
donnent aux jeunes gens, qu'on
y envoie de toutes les Provinces

Tome I. V

du Royaume, est non seulement
bonne, pieuse & chrétienne;
mais belle, sçavante & polie.
Des millions de témoins pourroient appuyer ce que j'avance;
& si j'osois le dire, mon aîné le
Baron en est une preuve sensible : mais je dois me taire sur
son compte, je suis son pere.
Chez les Révérends Peres de
la Compagnie de Jesus on cultive l'esprit & le corps, on a
soin du cœur, on régle la conduite, on est dans ces pensions
fameuses à l'abri des occasions,
au milieu des bons exemples,
& sous les yeux de plusieurs sur-
veillans. L'on ne sçauroit mieux
faire que de confier le précieux
dépôt de ses enfans à ces sçavans & pieux Religieux.

Après que Monsieur votre fils
l'Ecclesiastique aura achevé ses
classes, & le cours de sa Rhe-

torique, fi Madame vouloit m'en
croire, elle le mettroit en pen-
fion chez les Meffieurs de faint
Sulpice. Ce font des faints Prê-
tres, des gens d'efprit, des gens
polis & bien élevés : tout le
monde admire leur mérite,
leur vie intérieure, leur exacte
régularité : ils forment parfaitement les Ecclefiaftiques dans
leur état. Heureux ceux qui font
façonnés par de fi bonnes mains !
ils s'en reffentiront dans tout le
cours de leur vie.

Je vous rends mille graces,
Monfieur le Baron, dit alors
Madame la Marquife, de tous
vos bons avis ; je les exécuterai
avec autant de zéle que je les ai
ouis avec plaifir.

Dans ce moment Monfieur
le Commandeur prit la parole ;
& il dit, que fi l'Affemblée le
rouvoit bon, il nous feroit part

V ij

d'un petit manufcrit qu'il avoit
trouvé parmi les papiers de feu
Monfieur fon pere : dans lequel
il eft parlé de bien des chofes,
qui peuvent fervir à former un
jeune homme, & felon le Chriftianifme, & felon l'honnêteté.
Nous lui répondimes avec politeffe ; il nous paya de retour,
& il nous lût avec grace d'un
bout à l'autre cet écrit. Le voici, mon cher Théophile, tel
qu'il fut lû. Ce n'eft, à le bien
dire, qu'un répertoire de plufieurs endroits de l'Ecriture, de
plufieurs paffages des Peres, &
de quelques Auteurs anciens &
modernes, qui peuvent fervir à
former les jeunes gens.

L'Ecriture.

» Heureux l'homme qui craint
le Seigneur, il fera plein d'ardeur

pour l'obſervation de ſa Loi.
Pſal. 111. 1. »

„Le Juſte ſera à jamais en
vénération. *Pſal.* 111. 6. "

„Les hommes de plaiſir coulent leurs jours dans la jouïſſan-
ce des aiſes & des voluptés de
la vie ; mais, ô malheur ! ils ſe
voyent (*a*) dans un inſtant préci-
pités dans les abîmes infernaux.
Job. 27. 13. "

„O mort, que ton ſouvenir
eſt amer à l'homme qui met ſon
plaiſir & ſa félicité dans ſes richeſſes ! *Eccl.* 41. 1. "

„Souvenez-vous de vos fins
dernieres , & vous ne pécherez
jamais. *Eccl.* 7. 39. "

(*a*) On n'a pas
trouvé à propos de
citer les paſſages de
l'Ecriture en Latin,
à raiſon de leur mul-
tiplicité , & parce
qu'il eſt aiſé de les
trouver dans la ſour-
ce , qui eſt la ſainte
Bible , Livre com-
mun , ſur-tout parmi
les perſonnes qui en-
tendent la Langue
Latine.

„ N'oubliez rien pour pouvoir jouir du don sublime de la
Sageffe, parce qu'il vaut mieux
que tout l'or, & que toutes les richeffes de l'univers. *Prov.* 16.
16. ‟

„ On rachete fes iniquitez
par les œuvres de charité & de
juftice : & c'eft la crainte du
Seigneur qui nous fait fuir le
mal. *Prov.* 16. 6. ‟

„ Si l'on défire la vie éternelle , fi l'on fouhaite entrer dans
le grand jour de l'éternité bien-
heureufe ; il faut abfolument
prendre le parti de ne point médire , de ne point mentir , de
ne point fe livrer à l'efprit d'hi-
pocrifie ; il faut éviter le mal &
opérer le bien. Il faut chercher
la paix avec empreffement &
avec ardeur. *Pfal.* 33. ‟

„ Bienheureux font ceux qui
ont l'efprit doux, car ils auront

la terre pour héritage. *Math.* 5. 4. La terre des vivans, diſent les Peres. "

„ Bienheureux ſont ceux qui ayant le cœur porté à la compaſſion & à la miſéricorde, exercent cette aimable vertu; parce qu'ils ſeront l'objet des miſéricordes du Seigneur. *Math.* 5. 7. "

„ Bienheureux ſont ceux qui ſe conſervent dans l'innocence, & dont le cœur eſt pur; parce qu'ils auront le bonheur de voir & de contempler Dieu. *Math.* 5. 8. "

„ Le Royaume des Cieux ſouffre violence; (*a*) & il n'eſt que les violens qui en faſſent la conquête. *Math.* 11. 12. "

„ Que ſerviroit-il à un hom‑

(*a*) Violence, qui n'eſt autre choſe, qu'une réſiſtance for‑ te & courageuſe aux vices & aux paſſions.

me de gagner tout le monde, s'il venoit malheureufement à perdre fon ame ? *Math.* 16. 26. "

„ Si quelqu'un défire me fuivre, qu'il renonce à foi-même, qu'il porte fa croix , & qu'il marche fur mes pas. *Math.* 16. "

„ Celui qui s'humilie fera élevé , & celui qui s'éleve fera humilié. *Math.* 14. 11. "

„ Soit que vous mangiez, foit que vous buviez, foit que vous faffiez quelqu'autre chofe , faites tout en vûe de Dieu & pour fa gloire. 1. *Cor.* 10. 31. "

„ Rendez à chacun l'honneur qui lui eft dû : aimez vos freres: craignez Dieu : refpectez le Roi. 1. *Petr.* 1. 17. "

„ Saluez-vous les uns les autres par le faint baifer. La grace foit avec vous qui êtes en Jefus-Chrift. 1. *Petr.* 5. 13. "

„ Sortez

„ Sortez de Babylone, mon peuple, afin que vous ne participiez point à fes crimes, & que vous ne foyez point frappez de fes playes. (*a*) *Apoc.* 18. 4. "

„ Heureux font ceux qui meurent dans le Seigneur ; déformais, dit l'Efprit faint, ils fe repoferont de leurs travaux, car leurs œuvres les fuivent. *Apoc.* 14. 13. "

„ Que celui qui eft jufte fe juftifie encore, & que celui qui eft faint fe fanctifie toujours plus. *Apoc.* 22. 11. "

„ Heureux ceux qui lavent leurs robes dans le fang de l'Agneau, afin qu'ils ayent pouvoir de jouir de l'arbre de vie, & qu'ils entrent dans la Ville par les portes. *Apoe.* 22. 14. "

(*a*). On doit éviter méchans. compagnie des

Tome I.   X

Les Peres de l'Eglise.

* „ Le souvenir de Dieu bannit tous les vices. *Saint Jerôme.* (*a*) "

„ Si les peines & les travaux nous effrayent, que la récompense qui y est attachée nous anime. *S. Bernard.* (*b*) "

„ Pour un moment de plaisir, une éternité de supplices. Saint *Chrysost.* (*c*) "

„ On ne sçauroit trop prendre de sûreté, quand il s'agit de l'éternité. *S. Greg.* (*d*) "

„ Celui qui vous a formé en

---

* Si on cite au bas de la page le latin des passages des Peres ; c'est que leurs Ecrits ne sont pas communs, & que le nombre de ces passages n'est pas bien grand.

(*a*) *Memoria Dei excludit omnia flagitia.*

(*b*) *Si labor terret, merces invitet.*

(*c*) *Momentanum quod delectat, æternum quod cruciat.*

(*d*) *Nulla satis magna securitas, ubi periclitatur æternitas.*

entier, veut que vous vous don-
niez à lui, & que vous l'aimiez
ſans réſerve. *S. Aug. (a)* "

„ Celui qui ſe plaît en Dieu,
plaît ſûrement à Dieu. *S. Aug.*
(b) "

„ Nous aimons, nous eſti-
mons toutes les bagatelles du
monde ; il n'y a que Dieu qui
nous ſoit indifférent, & que nous
comptions pour rien. *Salvien.*
(c) "

„ Quiconque ſera chargé de
tréſors, & enflé d'honneur, ne
pourra paſſer par la voye étroite
du Royaume de Dieu ; non plus
qu'une bête de ſomme fort char-
gée & fort embarraſſée de ſa
charge, ne peut point paſſer
par un petit chemin étroit &

(a) *Totum te exi-*
git, qui totum te fe-
cit.

(b) *Ille placet Deo,*
qui placet Deus.

(c) *Omnia ama-*
mus, omnia colimus :
ſolus nobis in compa-
ratione omnium Deus
vilis eſt.

X ij

ferré. *Saint Maxime.* (*a*) "

„ Le pauvre vous demande du pain , & vos chevaux mâchent l'or fous leurs dents. *Saint Jerôme.* (*b*) "

„ Le peuple meurt de faim ; cependant le diamant de votre bague pourroit fauver la vie à tout un peuple. *Saint Jerôme.* (*c*) "

„ Vous revêtez les murailles de vos maifons de tapifferies les plus fuperbes , & vous dépouillez les hommes. *S. Amb.* (*d*) "

„ L'or brille partout dans vos maifons , aux murailles , aux

(*a*) *Quifquis honoribus inflatus fuerit, & auri thefauris dilatatus tanquam onuftum & impeditum animal , per anguftum regni iter , tranfire non poterit.*
(*b*) *Panem poftulat homo , & equus tuus aurum fub dentibus mandit.*
(*c*) *Totius vitam populi poterat annuli tui gemma fervare.*
(*d*) *Parietes veftitis , & nudatis homines.*

lambris, aux colomnes ; & JE-
SUS-CHRIST tout nud meurt de
faim, en la perſonne du pauvre,
devant votre porte. *Saint Jerôme.* (*a*) "

Les Auteurs anciens.

„ Je ne dois pas devenir l'eſ-
clave de mon corps ; je ſuis né
pour quelque choſe de plus
grand. *Seneq.* (*b*) "

„ Obſervez-vous ſur ce que
vous dites des perſonnes dont
vous parlez, prenez garde à qui
vous le dites. *Hora.* (*c*) "

„ N'affectez pas trop de vous
rendre agréable. *Martial.* (*d*) "

(*a*) *Auro parietes, auro laquearia, auro fulgent capita columnarum ; & nudus atque eſuriens ante fores noſtras Chriſtus in pauperes moritur.*

(*b*) *Ad majora natus ſum, quàm ut mancipium ſiam corporis mei.*

(*c*) *Quod de quoque viro, & cui dicas ſæpe videto.* Epiſt. lib. 1. 18.

(*d*) *Cupias non placuiſſe nimis.* Lib. 6. Epigr. 20.

X iij

„Il ne faut pas compter les hommes, mais les peser, *Phed.* (*a*) "

„Il ne faut pas croire légerement, sur-tout lorsqu'on accuse les autres. *Phed.* (*b*) "

„Chacun à ses défauts, mais nous ne faisons attention qu'à ceux des autres. *Id.* (*c*) "

„L'avare n'est que le gardien, & non pas le maître de son argent. *Id.* (*d*) "

„La douceur, l'honnêteté est plus agréable & plus sûre. *Id.* (*e*) "

„Promettez peu, & faites

(*a*) *Homines non numerandi, sed ponderandi.* Fab. 6.

(*b*) *Ne sis credulus, maximè criminatori.* Fab. lib. 3. 9.

(*c*) *Suus cuique attributus est error, sed non videmus manti-* cæ, *quod in tergo est.* Fab. lib. 4. 9.

(*d*) *Avarus auri custos, non Dominus.* Fab. lib. 4. 17.

(*e*) *Humanitas, & gratior, & tutior.* Fab. lib. 3. 14.

beaucoup. *Aut. anc.* (a) "

„ Dans la prospérité ne soyez pas sans craindre , ni dans l'adversité sans espoir. *Aut. anc.* (b) "

„ Dieu récompense ceux qui l'honorent. *Aut. anc.* (c) "

„ C'eſt être bien malheureux que de l'être durant ſa vie , encore plus après ſa mort. *Aut. anc.* (d) "

„ Ne vous fiez pas trop aux apparences. *Virg.* (e) "

„ Myſterieuſe cupidité de l'or, d'où vient que tu as tant d'empire ſur le cœur humain ? Par quelle voye as-tu ſubjugué les cœurs de tant de mortels ? (f) "

(a) *Magna ne jactes, ſed præſtes.*

(b) *In ſecundis time; in adverſis ſpera.*

(c) *Deum colenti ſtat ſua merces.*

(d) *Miſerrimus qui in vitâ miſer,* poſt mortem miſerior.

(e) *Nimium ne crede colori.* Eclog. 1.17.

(f) *Auri ſacra fames, cur tot mortalium pectora cogis?*

„ La mort frappe fans égard & fans diftinction, elle entre également dans les palais des Rois, de même que dans les cabanes des pauvres. *Hor.* (a) "

Les grands & les petits doivent donc l'attendre & s'y préparer.

Les Auteurs modernes.

„ Je voudrois établir cette maxime, que la pratique de la vertu eft le meilleur expédient, pour parvenir à une affûrance modefte, lorfqu'on parle & que l'on agit. *Spectat. tom.* 4. *difc.* 18. "

Rien ne doit coûter à l'honnête-homme, lorfqu'il penfe à fe rendre à jamais heureux. *L'Abbé Gouffaud.* "

(a) *Pallida mors* | *regumque turres.* *æqno pede pulfat ;* | *Od. lib.* 1. 4. *pauperum tabernas,* |

„ L'homme conſommé ſe re-
connoît à ces marques : au goût
fin ; au diſcernement ; à la ſoli-
dité du jugement ; à la docilité
de la volonté ; à la circonſpection dans les paroles & dans les
actions. *Gracian.* "

„ L'obéiſſance eſt le repos &
la quiétude de l'eſprit ; c'eſt là
proprement où il ſe délaſſe,
ceux qui obéiſſent écrivent avec
une régle , c'eſt pourquoi ils
peuvent former la ligne droite.
*M. de Palafox. Comment. ſur
les Epit. de ſainte Théréſe.* "

„ L'on ſe repent rarement de
parler peu , très-ſouvent de parler trop : maxime uſée & trivia-
le,que tout le monde ſçait ; mais
que tout le monde ne pratique
pas. *La Bruyere.* "

„ Il eſt évident que rien n'eſt
plus capable de ſoulager un pécheur chargé de la péſanteur de

fes crimes, & fatigué de la fer-
vitude du monde, que de prendre le joug de JESUS-CHRIST,
& de s'y foumettre parfaitement.
Bourdaloue. Serm. de la Sagef-
fe, & la douceur de la Loi chré-
tienne.

„ Il faut être patient pour devenir maître de foi & des autres. L'impatience, qui paroît être
une force & une vigueur de l'a-
me, n'eft qu'une foibleffe. *Te-*
lemaque. "

„ On peut dire qu'après un
jugement exquis, & une bonne
confcience, une imagination
faine eft un des plus grands biens
de la vie. *Le Spect. difc.* 10. "

„ Les grandes ames fçavent
tromper l'orgueil : Elles fe rem-
pliffent de tout ce qui s'offre
d'eftimable autour d'elles ; &
cette diftraction les fauve du péril de fe voir trop elles-mêmes.

La Mothe-Oudard. Oraif. Fun.
de Louis XIV. "

„ Un homme vain trouve fon
compte à dire du bien & du
mal de foi. Un homme modefte ne parle point de foi. *La
Bruyere.* "

„ Arrofer trop une plante,
c'eft la faire mourir. Mettre
trop d'huile dans une lampe,
c'eft vouloir l'éteindre. Notre
efprit eft borné, il faut l'occuper & le remplir ; mais il ne faut
pas le gêner, le contraindre &
l'accabler. *L'Abbé Gouff.* "

„ Notre efprit eft un fermier
avec lequel nous devons en bien
ufer, & lui donner du tems pour
nous fatisfaire ; quand on le
preffe trop de payer, on l'acca-
ble & on le ruine. *L'Abbé Gouffaud.* "

» Mufe, changeons de ftyle , & quittons
    la fatyre ,
C'eft un méchant métier , que celui de mé-
    dire.
A l'Auteur qui l'embraffe , il eft toujours
    fatal ,
Le mal qu'on dit d'autrui, ne produit que
    du mal ;
Maint Poete aveugié d'une telle manie ,
En courant à l'honneur,trouve l'ignominie;
Et tel mot pour avoir réjoui le Lecteur ,
A couté bien fouvent des larmes à l'Auteur.
        Defpreaux Satyre 7. «

    » Tout doit tendre au bon fens ; mais
        pour y parvenir ,
Le chemin eft gliffant & pénible à tenir ;
Pour peu qu'on s'en écarte , auffi-tôt on fe
    noye ,
La raifon pour marcher n'a fouvent qu'une
    voye. *Defp. l'Art Poet.* «

    » Aimez donc la raifon , que toujours vos
        écrits
Empruntent d'elle feule , & leur luftre , &
    leur prix. *Defp. l'Art Poet.* «

    » Je vous l'ai fouvent dit , aimez qu'on
        vous cenfure ,

Et souple à la raison, corrigez sans murmure. *L'Art Poet.* «

» Ecoutez tout le monde assidu consultant,

Un fat quelquefois ouvre un avis important. *L'Art Poet.* «

» C'est au repos d'esprit que nous aspirons tous :

Mais ce repos heureux se doit chercher en nous,

Un fou rempli d'erreurs, que le trouble accompagne,

Et malade à la Ville , ainsi qu'à la Campagne ,

En vain monte à cheval pour tromper son ennui.

Le chagrin monte en croupe , & galoppe avec lui. *Desp. Ep.* 5. «

» Ainsi donc , Philosophe à la raison soumis ,

Mes défauts désormais sont mes seuls ennemis,

C'est l'erreur que je fuis, c'est la vertu que j'aime.

Je songe à me connoître , & me cherche en moi-même. *Desp. Ep.* 5. «

» Prévenons fagement un fi jufte mal-
　　heur ;

Le jour fatal eft proche, & vient comme un
　　voleur ;

Avant qu'à nos erreurs le Ciel nous aban-
　　donne,

Profitons de l'inftant que de grace il nous
　　donne ;

Hâtons - nous ; le tems fuit, & nous traîne
　　avec foi.

Le moment où je parle eft déja loin de
　　moi. Defp. «

　　C'eft ici où Monfieur le Commandeur finit fa lecture ; nous le
remerciâmes fort de la peine
qu'il avoit pris de nous la faire ;
& nous louâmes à l'envi le mérite, ou plutôt le bon goût du
répertoire de feu Monfieur de
Richemont fon pere : Le Pere
Romain ajouta à tousnos complimens une réflexion qui parut
judicieufe : fçavoir, que les

jeunes gens devroient par une
étude de mémoire ſe faire comme une eſpéce de répertoire
intérieur & idéal ; dans lequel
ils puſſent puiſer dans les occa-
ſions, des penſées utiles & inſ-
tructives , qui leur ſerviroient
comme de rempart contre le
vice , & la malhonnêteté : &
qui les animeroient au bien , &
à l'exercice des vertus chrétiennes & morales. Tout de ſuite
Monſieur le Chevalier profita
de l'avis du Révérend Pere ; il
pria Monſieur ſon oncle de lui
prêter le Manuſcrit qu'il venoit
de lire , afin d'en faire une copie , & l'étudier par cœur , auſſi
bien que par ſens , juſqu'à ce
qu'il le ſçût & le poſſedât parfaitement. Vous ſentez bien ;
mon cher Théophile , que Monſieur de Richemont lui accorda
avec un vrai & ſingulier plaiſir,

la grace qu'il lui demandoit. En lui livrant le petit répertoire pieux & moral, il lui dit tout bas : *Fac hoc, & vives.* Le Chevalier répondit sur le même ton. *Amen.*

CONVERSATIO

✳✳✳✳✳✳✳✳✳✳✳✳✳✳✳✳✳✳✳✳

CONVERSATION VI.

La Conversation.

M. le COMMANDEUR.
M. le CHEVALIER.
Mad. de SAINT-EVREMONT.
Madame la MARQUISE.
MM. . . . . . .

L'ABBE' AU-VRAY.

NOTRE fixiéme Conversa-
tion, mon cher Théophi-
le, roula fur elle-même ; je veux
dire , fur la Conversation prife
en général. Il fut d'abord queftion de décider un problême,
qui n'eft pas indifférent ; fçavoir,
s'il eft mieux de fe taire que de
parler ? Si le filence eft préférable
à la Converfation ?

Madame la Marquife, qui avoit

propofé le problême qui fe dé-
cida dans notre premiere Converfation , fut priée par Monfieur le Commandeur , qui étoit
l'Auteur de celui-ci , d'en donner la décifion. Elle le fit ; mais
ce ne fut qu'après certains préliminaires un peu longs, & qui
fe reffentoient de la vivacité de
fon efprit. Nous l'entendîmes
avec plaifir , & je ne doute nullement qu'elle ne fût très-con-
tente de nos attentions ; ainfi
que nous fûmes très-fatisfaits
nous-mêmes de fes décifions &
de fes penfées , dont voici les
termes.

Il faut l'avouer , le filence
renferme en foi de grands biens.
Le filence eft un fort, un rempart bien puiffant contre les vices, fur-tout de la médifance,
de la calomnie , de la diffipa-
tion , des diftractions , de la dif

corde, de la défunion. Le filence eft une grande reffource
pour le falut ; c'eft une fource
de paix, de tranquillité, d'innocence. C'eft l'Auteur, après
l'Efprit Saint, de mille bonnes
penfées, de mille pieux fentimens. C'eft le gardien fidéle de
cette onction fainte, qui naît de
l'oraifon & de la contemplation
des vérités céleftes : le filence
eft un remede efficace, & vraiment fpécifique contre le vice
de l'impatience, de l'emportement, de la colére. C'eft dans
le filence, difent les Ecritures,
& dans la confiance en Dieu,
que fe trouvera votre force, votre foutien, votre appui. (*a*)
Dans le tems que le feu de la
colére eft prêt à s'allumer, que
l'aigreur de l'inquiétude veut en-

(*a*) *In filentio erit* | 30. 16.
fortitudo veftra. Ifai.

Y ij

trer dans le cœur, que l'orage des paffions commence à s'élever, quel parti prendre ? Celui du filence. C'eft dans ce port tranquille, que l'on fe verra à l'abri de l'ouragan, & des tempêtes les plus violentes. Quoiqu'on puiffe faire pour nous irriter, & nous porter à la colére, quelques paroles choquantes de blâme & de reproches qu'on puiffe nous dire, il faut, dit un grand Saint, prendre le parti du filence, & d'une prudente diffimulation ; parce que c'eft par ce moyen, ajoute-t-il, que nous remporterons la victoire, & que Satan & tous nos ennemis feront vaincus. (a) Le filence a de grands charmes & de grands attraits : N'eft-ce pas par fes

(a) Quamvis quif-tu tace, tu diffimu-
que irritet, quamvis la, quia tacendo vin-
criminetur, tu file, ces. S. Ifid.

doux charmes qu'il attira autrefois dans ſon ſein les Pauls, les
Antoines, les Hilarions, les
Pacomes, les Abrahams, les
Maries Egyptiennes, les Thaïs,
& une infinité d'autres Solitai-
taires de l'un & de l'autre ſexe,
qui dégoûtez du monde,& trem-
blans à la vûe des dangers qu'on
y court, s'enfonçoient dans le
fond des deſerts, & y épou-
ſoient avec empreſſement une
vie tranquille, ſilentieuſe & ſéparée de toute ſociété & de
tout commerce avec les hommes ? N'eſt-ce pas par ſes aimables attraits, que le ſilence attire encore, de nos jours, chez lui
mille pieux jeunes gens, qui ſe
livrent aux loix de la diſcipline
Religieuſe, dans des coins de
ſolitude, où regne un ſilence
preſque éternel ? Le ſilence eſt
en vérité aimable, & il eſt infi-

niment avantageux à l'homme.
Je fçai qu'il eft de difeurs & de
parleurs impitoyables dans le
monde , qui feront affez ofez
pour s'élever contre cette maxime conftante ; mais pour les
convaincre d'erreur, on n'a qu'à
leur oppofer l'exemple de l'Homme-Dieu., de fa fainte Mere , &
de fon Pere nourriffier. Dans la
fainte Famille , faint Jofeph parloit peu : la fainte Vierge parloit moins que faint Jofeph : &
le très-faint Enfant JESUS parloit encore moins que Jofeph
& que MARIE. C'eft ce qui a
été révelé à certains Saints. JE-
SUS-CHRIST , le Verbe éternel,
la Sageffe incarnée , qui auroit
pû dire de fi faintes, de fi fublimes & de fi grandes chofes ;
durant l'efpace de trente ans ;
obferva pendant tout ce tems-là
un religieux & admirable filen-

ce ; ou s'il parloit quelquefois,
c'étoit bien rarement. Dans le
cours de ſes Prédications & de
ſes travaux Evangeliques, il parloit ſouvent, il eſt vrai, mais
ſouvent auſſi, il ſe retiroit dans
des lieux ſolitaires & écartez,
où il vacquoit, dans le ſilence,
à la priere & à la contemplation
la plus divine. (*a*) Et durant
tout le cours de ſa Paſſion, quel
ſilence tout admirable & tout
édifiant n'obſerva-t-il pas ! Il le
garda juſqu'au point que le Gou-
verneur Payen en fut ſaiſi d'é-
tonnement. (*b*) Delà cette conſéquence juſte, puiſque le Rédempteur, qui eſt notre modéle parfait, a aimé & gardé ſilence ; le ſilence eſt donc aimable,
il eſt donc bon & louable de

(*a*) *Erat pernoc-* | (*b*) *Jeſus autem*
tans in oratione Dei. | *tacebat.* Math. 26.
Luc. 6. 12. | 63.

l'obferver ; les ennemis du filence font donc à blâmer, & nullement à imiter.

Que dirai-je encore en faveur du filence ?

C'eft dans le filence que l'Efprit Saint parle au cœur, que les retraites pieufes fe font utilement. Que la contemplation trouve fa place & fon effort. C'eft dans le filence que l'on voit le fond de fon cœur & de fes difpofitions intérieures ; que l'on apperçoit le vuide, & la vanité des objets créez ; que l'on adore, que l'on aime, que l'on exalte les beautez & les miféricordes infinies du Créateur. C'eft le filence qui fait les grands Saints, qui perfectionne les imparfaits ; qui ranime les tiédes, & qui bâtit, pour ainfi parler, l'homme nouveau, fur les brifées & les ruines du vieil homme,

me. Enfin le ſilence eſt un objet tendrement chéri par toutes
les perſonnes intérieures , par
tous les hommes d'oraiſon , par
toutes les ames qui goûtent
Dieu , & qui ont du zéle pour
la pureté de leur cœur ; perſua-
dées que le ſilence eſt le gardien
ſûr & fidéle de l'innocence.

Si le ſilence eſt utile & avantageux à l'homme ; on doit convenir qu'il lui eſt auſſi quelquefois bien funeſte. Par tout il y
a des abus ; par tout il y a des
écueils ; il faut les prévoir , il
faut les éviter.

Le ſilence continuel eſt le
pere de la mélancolie , & de
cette humeur peccante , que les
Médecins nomment manie , qui
produit dans la machine humaine , ſi l'on peut uſer de ce
terme, de ſi fâcheux & de ſi
triſtes dérangemens. (Nous de-

Tome I.   Z

vons excepter le pieux silence
des Anacorétes anciens & modernes , puisque l'onction & les
lumiéres de la grace rendent
cette sorte de silence tout aimable , tout utile , tout avantageux.) Le silence mine l'esprit;
il échauffe le sang & l'imagination ; il rend l'homme quelquefois stupide , & comme impo-
tent. Le silence est un voile noir
qui dérobe aux yeux du public
quantité de belles actions , &
beaucoup de bonnes œuvres,
qui auroient pû le charmer &
l'édifier.

Le silence est un nuage épais
qui cache les rayons & l'éclat
de mille bonnes & belles pensées , qui étant mises au jour par
la Conversation , éclaireroient
& fortifieroient les esprits foibles & bornez. Le silence est
la cause de l'impunité de bien

des crimes, de la continuation
de bien des vices, de la durée
de pluſieurs maux. Le ſilence
n'eſt pas toujours muet, il parle
quelquefois bien haut & bien
mal. On fait avec raiſon l'éloge
de *Lucile* ; on loue ſinguliérement ſa modeſtie & ſa pureté ;
Lyſippe, qui en eſt jalouſe, baiſ-
ſe la vüe ; elle garde un ſilence
morne ; on l'interroge, elle ne
dit pas le mot ; on lui demande
ſon ſentiment ſur le compte de
ſa voiſine, elle n'ouvre pas la
bouche : Silence malin ! qui parle bien haut, & qui fait juger
témérairement & en mauvaiſe
part de *Lucile*. Silence calom-
niateur ! puiſqu'il fait penſer mal
d'une perſonne honnête & ver-
tueuſe. En deux mots, le ſilence bien pris & bien réglé eſt
très-avantageux à l'homme, ſur-
tout par rapport au ſalut. Le ſi-

lence déréglé & mal enten-
du , est funeste & perni-
cieux aux personnes qui le gardent ainsi , contre les loix de la
prudence, ou de la charité.

Tournons - nous maintenant
du côté de la Conversation ; &
voyons - en les fruits & les
écueils : après quoi nous déci-
derons mieux à qui des deux ;
je veux dire, du silence, ou de
la Conversation, on doit donner
la préférence.

La Conversation est inconte-
stablement la source de mille
biens ; c'est un arbre qui produit
de bons fruits & à foison. N'est-
ce pas par le moyen de la Conversation, des entretiens, de la
parole , que l'homme sçavant
dissipe les ténébres de l'ignorance de l'homme grossier & idiot;
qu'il éclaircit les doutes & les
difficultez des personnes moins

éclairées ; qu'il enſeigne aux jeunes gens les véritez de la nature & de la grace ? N'eſt-ce pas
par le moyen de la Converſation, & par la voye des entretiens, que l'ami eſſuye les larmes de ſon ami ; que le pere careſſe, reprend & éleve ſes enfans ; que l'homme d'oraiſon &
de retraite ſe recrée ; que le
fort ranime le foible ; que le gé-
néreux Capitaine releve le courage abatu du Soldat ; que l'homme d'induſtrie tranſmet à d'autres les loix & les délicateſſes
de ſon art ? N'eſt-ce pas par le
miniſtere de la parole ; que le
bon ordre ſe met, & qu'il ſe
maintient dans les ſociétez, &
dans les Etats des Princes, que
l'on ſeme le précieux grain Evan-
gelique ; que l'on touche, & que
l'on convertit les pécheurs les
plus invétérez ; que l'on dirige

du côté du Ciel ; que l'on conduit à la perfection les ames
pieuses ; que l'on crie au loup,
qui vient pour égorger & pour
perdre les agneaux & les brebis
du bon Pasteur ; que l'on réfute
l'hérétique & ses erreurs ; que
l'on décrie le vice ; que l'on donne du crédit à la vertu ; que l'on
réunit les cœurs, & les esprits
aliénez & réfroidis ? N'est-ce pas
par la voye de la Conversation,
que les esprits se perfectionnent
& se polissent dans leurs maniéres de penser & de s'énoncer ;
que l'on acquiert de nouvelles
lumiéres ; que l'on se forme un
meilleur goût ; que l'on réforme
ses sentimens, & que l'on prend
le plus noble & le plus innocent
des plaisirs dans l'ordre naturel ?
Fut-il en effet de plaisir, si nous
exceptons les douceurs & les
suavités célestes, comparable à

celui d'une douce, ſpirituelle &
honnête Converſation ?

Enfin n'eſt-ce pas par le moyen
de la Converſation , & par l'u-
ſage de la parole, que mille bons
projets réuſſiſſent ; que cent
pieux établiſſemens ſe forment
& ſe maintiennent ; qu'une infinité d'abus & d'inconveniens ſe
déracinent ; que les belles qualités, le mérite, les talens & les
vertus ſont mis au jour, & reçoivent les éloges qui leur ſont dûs ;
& ce qui eſt beaucoup plus important, qu'on loue le très-Haut ;
qu'on exalte ſes aimables miſéricordes ; qu'on expoſe ſes divines vengeances, & les carreaux
redoutables de ſa juſtice, pour
la converſion & l'amendement
des impies ?

Converſation humaine, fa-
culté de parler, qui l'auroit cru,
que vous euſſiez produit de ſi
Z iiij

grands biens parmi les hommes!
Mais avec tous ces biens , &
avec tous ces fruits, vous n'êtes
pourtant pas fans écueils, fans
abus, fans inconveniens.

Dans les Converfations &
dans les affemblées : que de médifances ! que de calomnies!
que de menfonges ! que de paroles de vanité & de propre
eftime !Que de railleries piquantes ! que de mots cauftiques !
que de termes choquans & injurieux !Que de complimens flatteurs & hipocrites ! que de maximes fauffes & mondaines ! que
de difcours vains & inutiles!
que de paroles de tendreffe & à
double entente ! Que de mots
indignes & groffiers ! que de termes d'imprécation , dont les
oreilles pieufes font offenfées !

Si la faculté de parler fert à
louer le très-Haut, ne fert-elle

pas à le blaſphémer ? Si elle ſert
à conclure la paix, ne ſert-elle
pas à allumer la guerre ? Si elle
ſert à concilier les eſprits, ne
ſert-elle pas à les aigrir ? Si elle
ſert pour éteindre & terminer
les procès, ne ſert-elle pas pour
les intenter ? En un mot ſi la
langue eſt la mere d'une infinité
de biens, n'eſt-elle pas auſſi la
ſource d'une infinité de maux,
par l'abus & le mauvais uſage
que les hommes en font contre
les vûes & les deſſeins du Créateur ? Et n'eſt-ce pas, ce que
l'ingénieux Eſope reconnut autrefois, lorſqu'il prépara à Xàn-
tus ſon maître deux repas qui
n'étoient compoſez que de langues ? Son maître lui ordonne
d'abord de lui préparer un bon
repas ; Eſope ne fait ſervir que
des langues ; les amis de Xantus en rient, ils s'en divertiſſent.

Efope foutient qu'il n'y a rien de meilleur que la langue , il étale fes utilitez , il s'étend fur tout ce qu'elle opére de biens. On lui commande de faire un mauvais repas , on croit l'embaraffer ; il fe débaraffe avec efprit : Efope ne fait préparer au Cuifinier que des langues ; & la table du Philofophe Xantus ne fe trouve couverte que de pareils mets. On fe plaint , & pour toute réponfe , le fameux Efope ne dit autre chofe ; finon qu'il n'y avoit rien de plus mauvais que la langue , puifqu'elle blafphemoit , calomnioit , mentoit....... Efope fut admiré , & fes réflexions furent trouvées folides & ingénieufes.

Il eft tems de décider la queftion problématique de Monfieur le Commandeur. *Le filence eft-il préférable à la Conver*

ſation ? Vaut-il mieux ſe taire
que de parler ? Voilà ce qu'il
nous a fait l'honneur de nous
propoſer. Voici ce que nous
avons le plaiſir & l'honneur de
lui répondre. C'eſt toujours la
Marquiſe qui parle.

Après toutes les remarques
& les réflexions que je viens de
faire, après tous les préliminaires que je viens d'expoſer, il me
paroît que perſonne ne doit re-
fuſer le privilege de la préférence & l'honneur du premier rang
au ſilence pris dans le ſens & de
la maniére qui ſuit.

Je dis donc que le ſilence
d'ordinaire eſt préférable à la
Converſation , & que le parti
de ſe taire vaut mieux que celui de parler ; prenant les choſes
par rapport au ſalut ; par rapport à l'homme conſideré en
particulier , comme membre &

individu de la nature humaine: pris pour un tel Monſieur, pour une telle Dame........ Les raiſons en ont déja été ſuffiſamment expoſées dans l'éloge qu'on a fait du ſilence, on peut ſe les rappeller. Mais s'il faut y revenir, je dirai que dans le parti du ſilence l'on y offenſe moins le Seigneur; les paſſions y ſont moins agitées; l'eſprit y eſt plus tranquille; le cœur y jouit d'une plus grande paix; les remords de la conſcience y ſont plus rares; le détachement du monde y eſt plus parfait; l'eſprit d'oraiſon s'y nourrit mieux; enfin l'on y devient, & plus chrétien & plus homme; ce parti eſt donc à préférer, J'ai dit plus homme, dans la penſée de cet ancien, qui diſoit en parlant de lui-même: Toutes les fois que je me ſuis trouvé

parmi les hommes, & que j'ai
conversé avec eux ; je suis reve-
nu chez moi moins homme
qu'auparavant : (*a*) par la loi des
contraires , l'on devient plus
homme, plus raisonnable , plus
élevé dans ses pensées ; à mesure qu'on s'éloigne plus des hommes ; qu'on mene une vie plus
retirée ; qu'on garde mieux le
silence. Taisez - vous, observez
le silence, disoit encore un Ancien, à moins que ce que vous
voulez dire ne vaille mieux que
le silence même. D'où l'on peut
inférer, que cet ancien Philosophe panchoit du côté du silence, & qu'il le préféroit d'ordinaire à la Conversation. Ce Philosophe pensoit juste, & sa préférence étoit bien placée.

(*a*) *Quoties inter* | Lib. 1. c. 20. Cit
homines fui , minor | Veetrem. quemd.
homo redii. A Kempis. |

Je fuis fort de votre avis,
Madame , s'écria Monfieur le
Commandeur , & je penfe
en ce point comme ces An-
ciens. Il eft vrai que dans ma
petite jeuneffe je n'étois pas dans
le même goût , ni dans les mêmes maximes ; alors le filence
me paroiffoit peu eftimable ;
mais aujourd'hui , après avoir
tout vû , tout examiné, je crois
qu'il vaut mieux généralement
parlant fe taire que de parler : &
je ne doute pas que le filence ,
dans le fens , Madame , que
vous l'avez dit , ne foit préférable à la Converfation. Tant
de grands hommes qui ont aimé à parler peu, & qui ont eu
de l'eftime & du goût pour le
filence , appuyent folidement
cette opinion , & la force de
leur exemple doit nous exciter
puiffamment à les imiter.

Mais, Madame, ne direz-vous plus rien en faveur de la Converſation ? N'eſt-elle pas à certains égards préférable au ſilence ?

Oui, Monſieur, répondit la Marquiſe, la Converſation, l'entretien avec les hommes, le parler, ſi l'on peut uſer de ce terme, eſt préférable au ſilence ; ſi l'on enviſage les choſes, par rapport à l'homme pris en corps, en général, en façon de ſociété & de République. Voici mes raiſons.

Dans la ſociété humaine, dans le Corps & la République des hommes ; il faut d'une abſolue néceſſité, qu'il y ait des loix & des ſupérieurs qui les faſſent obſerver : qu'il y ait des Juges & des Avocats pour ſoutenir & décider les cauſes : qu'il y ait des ſçavans qui inſtruiſent les

ignorans : des Médecins habiles
qui faffent de falutaires ordon-
nances : des Notaires éclairez,
qui reçoivent les dernieres volontez : des zélez Miniftres du
Seigneur , qui fément le grain
de la divine parole : des maîtres
ouvriers , qui tranfmettent à la
poftérité la connoiffance & les
délicateffes de leurs Arts : des
peres & des meres de famille ;
qui gouvernent, pour parler ainfi , leurs petits états domeftiques.
Or , comment remplir tous ces
différens emplois , fans le fecours de la parole, de la Converfation , des entretiens ? La
chofe n'eft pas poffible : il faut
donc tomber d'accord , que l'u-
fage de la parole & des entretiens eft préférable au filence;
quelque louable qu'il foit d'ailleurs , lorfqu'il eft queftion de
l'homme confideré en corps &
en général.   A

A l'iſſue de la déciſion du problême, Madame de Terre-Neuve dit, qu'il étoit bien tems d'examiner ſi la Converſation étoit utile, par rapport à la piété & à la politeſſe : par rapport au titre de Chrétien & à la qualité d'honnête homme. Si l'Aſſemblée veut bien l'agréer, ajouta-t-elle, je continuerai à parler ſur ce ſujet. Nous répondimes à Madame la Marquiſe, que nous ſerions charmés de continuer à l'entendre. Immédiatement, elle reprit la parole, & elle parla ſans nulle interruption, en ces termes.

Il me paroît très-conſtant que la Converſation eſt avantageuſe à l'homme par rapport au Ciel, & par rapport à la ſociété humaine, qu'elle ſert pour devenir, non-ſeulement un Chrétien pieux, mais même un parfait

Tome I.   A a

honnête-homme. Les preuves de cette vérité ne feront pas fort difficiles à expofer ; pour cet effet , diftinguons d'abord deux fortes de Converfation.

Il eft de Converfations qu'on fait très-mal , il en eft qu'on fait bien. La Converfation eft bien faite , lorfque les régles que la raifon , la vertu & la bienféance preferivent y font obfervées. La Converfation eft mal faite, quand on la fait felon les maximes du monde, fuivant les attraits du vice, & contre les loix de la bienféance.

J'avoue que la Converfation lorfqu'elle eft mal faite, loin de fervir à nous rendre plus Chrétiens, elle influe au contraire à nous rendre plus mauvais. L'Efprit faint nous enfeigne cette vérité dans les divines Ecritures ; & l'expérience de tous les

jours ne nous la rend que trop
sensible. De-là l'obligation étroite où l'on est d'éviter les occasions prochaines du péché, &
de fuir les personnes qui y portent, soit par leurs discours impies & déréglez, soit par leurs
exemples vicieux & criminels.
Ce que je viens de dire par rapport aux mœurs, on doit aussi
le dire par rapport aux maniéres
d'opérer & de parler : les raisons & l'expérience prouvent
autant pour l'un que pour l'autre de ces deux chefs.

En deux mots, si l'on converse souvent avec des personnes
vicieuses, avec des gens sans religion & sans piété, l'on deviendra bien-tôt des copies trop res-
semblantes de ces mauvais originaux. « L'ami des insensez, dit
» le plus sage des Rois, devien-
» dra leur portrait, il ne tardera

» pas à leur reffembler. (*a*) Si l'on
fréquente des perfonnes rufti-
ques, groffiéres & impolies,
l'on fera bien-tôt comme elles,
impoli, peu affable, & mal-
honnête.

Mais quand la Converfation
eft bien faite, lorfque l'on converfe avec des gens tels qu'il
faut, & de la maniére qu'il le
faut : pour lors inconteftable-
ment la Converfation fert beaucoup à nous façonner felon le
monde réglé & poli, & à nous
rendre plus chrétiens & plus
vertueux : C'eft ce que l'expérience démontre évidemment.

En effet, qu'on fréquente un
homme qui a de la piété & du
Chriftianifme, qu'on converfe
fouvent avec lui : qu'en arrivera-
t-il ? Sans prefque s'en apperce-

(*a*) *Amicus ftulio-* | Prov. 13. 20.
rum fimiles efficitur. |

voir, l'on entrera dans fes vûes
faintes ; l'on prendra fes maximes de piété ; l'on s'adonnera à
l'oraifon , & l'on s'efforcera de
pratiquer à fon exemple mille
bonnes œuvres. C'eft ainfi qu'Auguftin fréquentant le grand faint
Ambroife , devint bien-tôt fa copie reffemblante à tous égards.

Qu'on renferme dans un College bien réglé , ou dans un
pieux Seminaire, un jeune homme dont les mœurs & les maniéres font déréglées. Dans peu
de jours cette jeune plante fe
redreffera , elle reverdira, elle
pouffera des rejettons nouveaux.
Ce jeune homme changera de
mœurs, il deviendra modefte &
retenu , pieux & Chrétien. Ses
maniéres de faire & de parler
s'humaniferont , elles feront plus
réglées & plus polies. N'eft-ce
pas là ce que nos yeux voyent

tous les jours, & ce qu'une infinité de jeunes gens ont éprou-
vé dans eux-mêmes ?

Qu'une fille vaine & volage
soit mise en pension dans un
Monastere, où la piété regne,
& où l'on donne aux Pension-
naires qu'on y reçoit une Education pieuse & honnête. Dans
quelques mois on ne la recon-
noîtra plus. Une piété édifiante,
un air de modestie charmant,
des maniéres honnêtes & polies
brilleront comme autant de diamans précieux dans cette jeune
personne.

Un homme est vertueux, mais
il est grossier & rustique dans ses
maniéres ; il est ignorant dans
l'art du sçavoir vivre. Quel parti
prendre pour le façonner, le polir,
l'humaniser ? Qu'on lui conseille
de converser souvent avec d'honnêtes gens, avec des personnes

polies, & qui ont de belles maniéres ; ſûrement il apprendra,
& ſans beaucoup de peines,
avec des perſonnes de cette eſpéce, l'art de vivre honnêtement. Il ſe polira dans ſon langage ; il ſe façonnera dans ſes
maniéres, & bien-tôt il deviendra une copie fidéle des modéles d'honnêteté qu'il fréquente :
En ſorte qu'inſenſiblement, &
ſans preſque le vouloir, il déro-
bera leurs jolis tours de phraſe,
leurs mots favoris, leurs façons
familiéres de s'énoncer, & leurs
belles maniéres d'agir & de ſe
comporter. N'eſt-ce pas dans
cette vûe & ſur ce principe qu'u-
ne infinité de gens envoyent du
fond des Provinces leurs enfans
à Paris ? Oui, ſans doute, c'eſt
ſur ce principe, & dans ce deſſein, qu'ils les envoyent dans
cette Capitale du Royaume,

Leur deſſein ſe remplit : leur
attente n'eſt point vaine ; car à
peine ces jeunes Meſſieurs ont-
ils demeuré dans cette Ville fa-
meuſe un demi luſtre, qu'ils ſe
dépouillent de cette robe d'impo-
liteſſe, qui n'eſt que trop ordinaire aux Provinciaux, ſur-tout les
plus reculez.

La raiſon premiere & de ſource de tout ce que je viens d'a-
vancer ; c'eſt que l'homme eſt
naturellement imitateur de ceux
qu'il eſtime, qu'il fréquente, &
avec qui il converſe ſouvent.
L'imitation louable n'eſt pas une
vertu étrangere à l'homme ; elle lui eſt naturelle, & il la met
en exercice ſans peine, & ſans
preſque nulle réflexion : Ce qui
eſt vrai, non-ſeulement en fait de
mœurs & de maniéres, mais
même en fait d'ouvrages d'eſprit. Il n'eſt preſque nul Auteur
qui

qui n'ait fon Auteur favori, qu'il
lit & qu'il relit fans ceffe , dans
lequel il puife des penfées , des
tours anciens , mais toujours
beaux ; des maniéres de s'énoncer moëleufes & délicates : fur
lequel, en un mot, il fe forme ;
il fe moule, il s'appuye. Tout le
monde fçait que l'Auteur chéri
du célebre Defpreaux c'étoit l'ingénieux Horace ; de même que
l'Auteur du fameux Virgile, c'é-
toit le grand Homére. Oui ,
l'homme aime à imiter ; un peu
d'aide lui fait du bien , dans
les productions de l'efprit , de
même que dans les opérations
du corps. Le grand point, c'eft
de bien imiter ; c'eft d'éviter les
écueils de l'imitation ; c'eft de
ne pas donner lieu de penfer &
de dire , que l'on n'eft que des
copiftes. Mais je m'écarte un peu :
revenons à notre but , & difons .

Tome I.   B b

que puiſque l'homme eſt porté
d'inclination à imiter ; puiſqu'inſenſiblement il ſe forme ſur ceux
avec qui il eſt en uſage de converſer ; il ne faut donc pas douter, il n'y a pas même lieu d'ê-
tre ſurpris , que ceux qui fré-
quentent d'honnêtes gens &
de pieux Chrétiens , deviennent,
dans peu de tems, pieux, honnêtes & polis.

Madame la Marquiſe , s'écria
pour lors Monſieur le Commandeur, vous venez de nous dire
bien des choſes qui paroiſſent
trop vraies & trop conſtantes,
pour que perſonne puiſſe les ré-
voquer en doute. Les gens ſçavans n'y contrediront ſûrement
pas ; le menu peuple encore
moins, puiſqu'un de ſes proverbes familiers , eſt celui-ci : Dis-
moi, qui tu fréquentes , & je te
dirai qui tu es. Le point capi-

tal , reprit Madame de Saint-
Evremont , c'eft de fréquenter
qui l'on doit : & de le faire de
la maniére qu'on le doit : il me
femble , ajouta - t - elle , que ces
points font d'une conféquence
affez grande , pour mériter d'ê-
tre traitez à fond , dans une de
nos Converfations uniquement
deftinée à cela. La penfée de
Madame de Saint-Evremont fut
trouvée judicieufe , & l'on fe re-
tira dans ce goût-là.

CONVERSATION VII.

La Conversation.

Madame de SAINT-EVREMONT.
Madame la MARQUISE.
Me de ROCHE-COLOMBE.
Monsieur le COMMANDEUR.
Le Révérend Pere ROMAIN.
MM.   .   .   .   .

L'ABBE' AU-VRAY.

APRE's quelques nouvel-
les de Ville, qui étoient
affez curieufes, on fe mit d'a-
bord fur le fujet de la Converfation ; & l'on dit, que pour entrer dans toutes les utilitez de la
Converfation, il falloit néceffai-
rement, 1°. Faire un jufte choix
des perfonnes avec qui l'on doit
converfer. 2°. Eviter les écueils

& les défauts de la Conversation. 3°. Obferver exactement
les loix d'une bonne & honnête
Converfation.

Après cette expofition, qui
fut jugée de toute l'Affemblée,
très - exacte & très - judicieufe,
Madame la Marquife prit la parole ; elle dit, que fi Madame
de Saint-Evremont vouloit bien
faire part à l'Affemblée de fes
penfées & de fes réflexions folides, fur le fujet propofé, elle
lui feroit bien obligée. Nous lui
fimes tous à l'envi le même
compliment : Cette Dame fe
tournant du côté de la Marquife, lui dit agréablement : Madame, ma chere coufine, vos
préjugez fur mon compte vous
coûteront cher, & à moi auffi :
ils vous procureront de l'ennui,
& à moi de la confufion. Bon,
bon, reprit la Marquife, nous

fçavons bien ce que vous fçavez
faire , quand vous entreprenez
un fujet ; & nous n'ignorons pas
de quel pied vous marchez,
lorfque vous êtes en chemin ;
la modeftie dont vous vous pa-
rez vous fied bien ; mais la con-
defcendance à nos vœux , dont
vous nous honorerez , ajoutera à
votre mérite un nouvel éclat,
& fera croître nos eftimes & notre confidération à votre égard.
Ce ton louangeur , repliqua Madame de Saint-Evremont, pourroit bien m'envoyer de funeftes
vapeurs à la tête , fi je voulois
m'y arrêter ; pour prévenir ces
inconvéniens , je me hâterai de
faire ce qu'on m'ordonne.

Le premier chef ou moyen
qu'on a expofé pour réuffir dans
la Converfation , c'eft de faire
un bon choix des perfonnes
avec qui l'on doit converfer.

Ce point eſt eſſentiel ; il eſt d'u-
ne conſéquence infinie. Mais
Madame la Marquiſe ayant parlé d'avance dans la derniére Converſation ſur ce ſujet, il ne me
conviendroit pas de reprendre
ſes veſtiges, & de retoucher ſon
ouvrage. Ma chere couſine, dit
pour lors Madame de Terre-
Neuve, je conſens fort que vous
reveniez ſur mes briſées, je vous
en prie même inſtamment. Je
le ferai, reprit Madame de S.
Evremont ; il faut vous obéir en
tout.

C'eſt loin des pécheurs, dit
l'Ecriture, que l'on trouve le ſalut. (*a*) C'eſt donc auprès des
pécheurs que l'on trouve ſa perte & ſa ruine ſpirituelle. Brouil-
lons-nous en conſéquence avec
les perſonnes vicieuſes, & qui
ſont d'une mauvaiſe édification :

(*a*) *Longè à peccatoribus ſalus.* Pſ. 118.

Bb iiij

Craignons leur rencontre ; fuyons leur compagnie ; ne converfons point avec les ennemis déclarez du fuprême Roi de l'univers ; ils nous entraîneroient dans leur ré-volte ; ils nous engageroient dans leur parti ; & par un châtiment très-jufte , la peine de mort, & d'une mort éternelle , deviendroit dans la fuite notre trifte & funefte partage. Quel malheur! fi nous étions affez imprudens, & affez ennemis de nous-mêmes, pour nous lier de converfation & d'amitié avec les méchans : dans très-peu de tems, nous ne pourrions que nous reffentir des mauvaifes influences qui s'exalent fans ceffe de ces fortes de perfonnes : de même qu'on fe reffent bien-tôt des impref-fions funeftes de l'air contagieux qu'on refpire auprès d'un tas de cadavres peftiferez. Ces influen-

ces malignes, douces & bonnes
en apparence, flatteroient d'a-
bord notre cœur, peu à peu elles y entreroient, à la fin elles
le feroient mourir ; & ce cœur
autrefois si bon deviendroit mauvais, & peut-être plus mauvais
que ceux qui lui auroient servi
de modéle, & qui l'auroient porté au mal.

Mais au lieu d'amis vicieux
& pécheurs, il faut ne rien oublier pour s'en faire de vertueux
& de justes. Dans le monde il
est très-mal aisé, du moins selon
le cours ordinaire des choses,
d'y vivre sans commerce, sans
conversation, sans liaison ; le
vrai point consiste à bien choisir,
& à ne se lier qu'avec des personnes qui ayent de la droiture,
de la probité, de la religion &
du sçavoir vivre.

Le bon choix des amis de-

mande un grand goût, un grand
difcernement ; l'on s'y méprend
affez fouvent, & ce n'eſt pas fans
raifon, que le Prince des Ora-
teurs Romains difoit : « qu'il fa-
» loit avoir mangé une grande
» mefure de fel avec une perfon-
» ne, avant de fe lier de com-
» merce & d'amitié avec elle. (a)

Se lier d'entretien & de converfation avec des perfonnes
fans goût, fans efprit, fans fçavoir vivre, quoique d'ailleurs
pleines de piété ; ce n'eſt pas
remplir fon devoir en ce point,
ou tout au plus ce n'eſt le faire
& le remplir qu'à demi. Pour
fournir fa tâche en entier, il faut
fe lier avec des perfonnes honnêtes & pieufes, avec des gens
d'efprit & de vertu, avec des
gens de bien & de bon commerce. Avec de tels amis on

(a) Ciceron. Lib. de amicitiâ.

s'édifie , & l'on s'inftruit : on
s'excite à la vertu ; & l'on acquiert de lumiéres : on prend
de bonnes maniéres & de bonnes mœurs. Les amis bien choi-
fis , tels qu'il les faut , à tous
égards , font en vérité d'une
grande reffource, pour tous les
cas, pour tous les tems, pour
tous les befoins de la vie. Heureux celui qui a bien choifi, &
qui a trouvé un ami fincére &
vrai ! (*a*)

Le deuxiéme moyen, qu'on
a dit être néceffaire pour retirer
du fruit de la Converfation ;
c'eft d'en éviter les écueils &
les défauts , dont le nombre
n'eft pas petit. On peut les ré-
duire à quatre claffes , ou cathé-
gories ; (laiffez couler à une
femme ce terme un peu trop

(*a*) *Beatus qui in-* | Eccl. 25. 12.
uenit amicum uerum.

philofophe) fçavoir : Les défauts
de cenfure & de médifance ;
Les défauts de colére & d'emportement : Les défauts de trifteffe & de mélancolie : Les défauts d'impoliteffe & de malhonnêteté.

Il eft des gens dont l'efprit
eft critique, dont la langue èft
mordante, & dont le bec, pour
ainfi parler, pique fans ceffe.
Tantôt c'eft du facré qu'ils médifent ; tantôt c'eft du profane.
Quelquefois ils s'en prennent au
Pafteur, fouvent aux ouailles.
Ils cenfurent le voifin, ils criti-
quent l'étranger. Ils découvrent
la chûte honteufe d'une vierge,
qui ceffe par-là de l'être ; ils fe
font un mérite de la publier, en
le faifant en termes d'horreur &
d'indignation. Ils difent ce qu'ils
fçavent, & ce qu'ils ne fçavent
pas. Ils médifent & ils calom-

nient. Ils manifeſtent le vrai, &
ils inventent le faux. Ce qui eſt
grand, ils le rendent monſtrueux.
Ce qui eſt petit, ils le groſſiſ-
ſent, ils l'enflent, ainſi que le
levain enfle la pâte : comparai-
ſon aſſez juſte, puiſque la langue, ou plutôt le cœur du mé-
diſant, eſt pénétré d'une humeur
aigre & piquante, de même que
le petit morceau de pâte qu'on
nomme levain.

Dans la claſſe des médiſans,
ils s'en trouve de plus fins, de
plus délicats, de plus ſpirituels
les uns que les autres. Il en eſt,
qui ſemblables au ſerpent ſe ca-
chent ſous l'herbe ; en couron-
nant des fleurs de quelques
louanges la victime qu'ils ſacri-
fient à leur haine, ou à leur humeur critique. Il en eſt d'autres, qui ſalent cette même victime avec le ſel d'un bon mot,

d'une piquante raillerie, d'un tour ingénieux, & qui par ce moyen malin rendent leur cenfure & leur médifance éternelle.

Ces efprits cenfeurs & médifans, de quelque genre qu'ils puiffent être, font conftamment la pefte & le venin des Converfations chrétiennes & honnêtes. Saint Auguftin, ce Docteur fi éclairé & fi faint, ne pouvoit les fouffrir en fa préfence. (a) Louis IX. ce grand, ce faint Roi de la Nation, les avoit en horreur. Saint Jacques, ce digne Apôtre de Jefus - Chrift, fe déclare formellement contre eux, en défendant très-expreffément dans fon Epître Canonique le vice de la médifan-

(a) *Si quis amat* menfam vetitam, no *dictis, absentum ro-* verit effe fibi. Sain *dere vitam ; hanc* Aug.

ce.(*a*)Le Sage nous défend toute
ſorte de liaiſon & de ſociété
avec eux ; (*b*) & il ne fait pas
difficulté dans le même chapitre de ſes Proverbes, de les appeller l'abomination des hommes. (*c*) En effet , on n'aime
point les perſonnes médiſantes
& critiques de profeſſion : tout
le monde les fuit ; on craint leurs
coups de langue ; & lorſqu'on
ſe trouve à leur compagnie, on
eſt inquiet, & comme dans les
épines. Veut-on ſe faire aimer ?
Il faut ſe faire un point de religion & de politeſſe, de ne point
médire, de ne point critiquer ;
mais plutôt de parler en bonne
part de nos concitoyens, de nos
voiſins ; en un mot, de notre

(*a*) *Nolite detrahe-*
re alterutrum. Jac.
4. 11.
   (*b*) *Cum detratori-*
bus ne commiſcearis.

Prov. 24. 21.
   (*c*) *Abominatio ho-*
minum detractor. Pro-
verb. 24. 9,

prochain. Mais, vous perfonnes, qui êtes l'objet des médifances & des calomnies, quel parti prendrez-vous ? La patience eſt le grand reméde dont vous devez uſer. Le filence eſt le grand moyen dont vous devez vous fervir pour vaincre le médifant, & pour faire tomber la médifance. J'avoue que l'on doit quelquefois faire honneur à la vérité, & fe juſtifier ; mais quand cela eſt à propos & néceſſaire, il faut que cette juſtification & cet aveu de la vérité fe faſſe par raiſon, & fans perdre ni la paix ni la tranquilité du cœur.

Que la langue critique & médifante cauſe de maux dans le monde ! Mais quelle fource de paix & d'édification, que de fe taire fur le compte du prochain, ou d'en parler toujours en bonne part !   L'efprit

L'eſprit de colére & d'emportement eſt le deuxiéme défaut des Converſations : c'eſt le ſecond écueil qu'il faut y éviter.

L'Apôtre condamne dans les Converſations des Chrétiens, les conteſtations & les clameurs, A plus forte raiſon on doit y condamner les emportemens & les ſaillies de la colére. L'homme qui ſe livre à l'eſprit de colére & d'emportemens dans les Converſations, fait trois ſortes de maux à la fois : il péche contre le Seigneur ; il offenſe le prochain ; il ſe bleſſe ſoi-même par l'iniquité qu'il commet. J'ajoute à ces penſées une réflexion qui me paroît vraie ; c'eſt qu'il n'eſt rien qui faſſe tant rougir l'homme dans la Converſa-

(a) *Noli contende-* | 2. 14.
re verbis. 2. Timot. |

Tome I. Cc

tion, que de s'y être abandonné avec excès, & contre l'ordre de la raison, à des feux
d'emportemens, à des mouvemens de colére. On ne fera jamais homme de Converfation,
du moins d'une aimable & belle
Converfation, qu'on ne répri-
me, qu'on ne laiffe tomber les
fentimens & les feux de la colere, qui s'excitent trop fouvent
en nous, dans les entretiens &
dans les différentes liaifons que
nous avons avec les hommes.
L'air colére & dédaigneux eft
un bien mauvais affaifonnement
de la Converfation, il ne pique pas le goût, mais le cœur
de ceux avec qui l'on converfe.
Un emportement auquel on fe
livre eft bien-tôt payé de retour:
la colére attire la colére : la paffion anime la paffion : le mépris
eft fuivi d'un mépris égal, fou-

vent plus grand. La colére de l'homme, dit un grand Apôtre, n'opére pas le bien ; (*a*) il eſt de l'honnête-homme & du Chrétien de converſer dans un eſprit de paix, de modération, de tranquilité. La parole douce, dit l'Eſprit Saint, multiplie les amis, elle appaiſe les ennemis. (*b*) Mettez-vous en colére, dit le Roi Prophete, mais ne péchez point. (*c*) Que l'orgueil, que l'amour propre, que l'excès ne ſe mêlent point dans votre colére : que ce ſoit un zéle de religion, ou une régle de prudence qui l'excite quelquefois dans vous, afin que le vice ne regne pas aux dépens de la vertu, afin que les enfans ne ſe li-

(*a*) *Ira viri juſtiam Dei non operatur.* Jacob. 1. 20.
(*b*) *Verbum dulce multiplicat amicos*, *mitigat inimicos.* Eccli. 6.
(*c*) *Iraſcimini, & nolite peccare.* Pſal. 45. 4.

Cc ij

vrent pas au torrent de leur défirs , & aux libertez infenfées
d'une jeuneffe aveugle & bouil-
lante ; afin que les domeftiques
ne deviennent pas de petits maîtres ; afin que les fujets & les
vaffaux fe maintiennent dans
l'ordre & dans la foumiffion :
au partir de-là , maintenez-vous
dans la paix ; parlez avec douceur ; réprimez vos feux naif-
fans , & confervez-vous dans une
affiete naturelle.

Un certain état de trifteffe,
un certain air de mélancolie,
eft un grand défaut dans les Converfations. La trifteffe refferre
le cœur : la mélancolie rend
l'homme comme glacé , fans
mouvement & fans parole : quiconque fe livre à cette maladie
de l'ame, fe fait en vérité un
grand tort à lui - même, & il
caufe bien de l'ennui, & du dé-

goût aux autres. Les perſonnes
triſtes & mélancoliques jouent
un très-mauvais rôle dans les
compagnies. On peut aſſûrer
qu'ils y font très-mal leur partie ; on peut les appeller les
meurtriers de la Converſation,
& les deſtructeurs des belles &
agréables ſociétez. Hé ! Comment ne le ſeroient-ils pas ? Ils
ne diſent pas le mot dans la
Converſation ; ils ſoûrient à peine quelquefois : vous les voyez
rêveurs, attentifs à toutes leurs
imaginations , n'écoutans que
leurs penſées ; indifférens à tout
ce que les autres peuvent dire
ou penſer.

Leur face eſt plombée ; leurs
yeux enfoncez ; leur air morne
& ſérieux ; leurs maniéres len-
tes ; leur maintien gêné. Pourroient-ils dans ce triſte état plaire dans les Converſations ? Non

fans doute. Pour être agréable
aux perfonnes avec qui l'on converfe, il faut avoir un air aifé,
des maniéres polies & douces;
des façons de s'exprimer humbles & honnêtes ; un cœur ouvert, & qui s'intereffe à ce qui
touche les autres en bien ou en
mal : en bien, pour s'en réjouir
avec eux : en mal, pour leur témoigner la part que l'on prend
à leurs afflictions. C'eft ce que
l'Apôtre des Nations appelle en
deux mots, fe réjouir avec ceux
qui fe réjouiffent, & pleurer
avec ceux qui pleurent. (a) dif-
pofition également chrétienne &
honnête, auffi pieufe que polie.

Si l'on n'oublie rien pour guérir des maladies du corps, pourquoi ne s'efforcera-t-on pas de
guérir de la mélancolie, qui eft

_____

(a) *Gaudere cum* | *cum flentibus.* Rom.
gaudentibus ; flere | 12. 15.

une des plus grandes & des plus
funeftes maladies de l'ame, de
laquelle l'inaction, l'inutilité, la
pareffe, le caprice, le découra-
gement, le défefpoir même quelquefois, naiffent comme de leur
fource ? La trifteffe, la mélancolie deffeiche les os. (*a*) Elle
deffeiche auffi le cœur, elle
amortit la vivacité de l'efprit,
elle rend comme ftupide, &
quelquefois même elle tend trop
efficacement à la folie. Encore
un coup, pourquoi ne s'efforce-
roit-on pas d'en guérir ?

Loin de nous un état fi nuifi-
ble & fi difgracieux. Loin de
toute honnête Converfation ;
loin de toute compagnie d'honnêtes gens, ces efprits triftes &
mélancoliques, qui ne font bons
qu'à faire fouffrir ceux qui font
autour d'eux. Mais, que dis-je,

(*a*) *Spiritus triftis exicat offa.* Prov. 17. 12.

& que fais-je ? Je ne confulte
que la voix de la chair & du
fang : je n'entends que les cris
de l'amour propre & de la prudence humaine. Pourquoi ne
prêtai-je pas l'oreille aux douces
exhortations de la charité, qui
me dit par la bouche de l'Apôtre, qu'il faut fe fouffrir & fe
fupporter les uns les autres dans
un efprit de douceur & de charité ? (*a*) Qu'il faut, fi l'on veut
remplir la Loi de Jefus-Chrift,
porter les fardeaux de nos freres, qui doivent réciproque-
ment porter les nôtres ? (*b*) Que
nous ne devons point chercher
nos propres interêts, mais ceux
des autres ? (*c*) fur-tout quand il

(*a*.) *Supportantes* | *Chrifti.* Gal. 6. 2.
invicem in charitate. | (*c*) *Non quærentes*
Eph. 4. 2. | *quæ fua funt, fed*
(*b*) *Alter alterius* | *quæ aliorum.* 1. Cor.
onera portate, & fic | 13. 5.
adimplebitis legem |

s'agit

s'agit de leur bien ſpirituel, & de leur édification. Or, il eſt de l'interêt, & du bien même ſpirituel, des gens triſtes & mélancoliques de converſer de tems en tems, d'être admis, d'être ſoufferts dans les compagnies. Si les perſonnes atteintes de la mélancolie ne ſont pas bonnes pour la Converſation, la Converſation leur eſt bonne : elle les empêche de tomber dans un plus grand fond de triſteſſe ; elle leur ouvre un peu le cœur ; elle récrée leur eſprit trop occupé, & trop affligé de ſes peines ; elle les met en voye de guériſon ; à quoi ces eſprits mélancoliques doivent fortement s'attacher, ainſi que nous l'avons déja dit, & cela par le moyen des Sacremens, qui tranquillent l'ame ; de l'oraiſon qui réjouit le cœur ; des

Tome I.   D d

(*a*) bons conseils qui décident ;
des jeux permis ; des petits voya-
ges ; des promenades agréables ;
de certains remedes purgatifs &
rafraichissans ; j'entends ces eaux
minérales de différentes espéces
que la Providence a ménagées
& distribuées en différens lieux,
pour les différens besoins des
hommes : sans parler des autres
remédes que la nature fournit,
& que les Médecins habiles n'i-
gnorent pas : Enfin, par la rési-
stance vive & absolue aux pensées affligeantes, tristes & sombres, qui naissent dans leur esprit, par un effet, ou de leur
tempéramment mélancolique,
ou de la fâcheuse situation de
leurs affaires, ou de leur état de
peines & de scrupules.

(a) Memor fui Dei, | trûm, oret. Jac. 5.
& delectatus sum. | 13.
Tristatur aliquis ves- |

Enfin, il ſe commet des fautes dans les Converſations, contre la politeſſe, contre l'honnêteté & le ſçavoir vivre, qu'il faut
éviter avec ſoin. Perſonne ne
doute du principe : cependant
combien qui manquent en ce
point ! l'un eſt impoli dans ſes
maniéres, l'autre l'eſt dans ſes
paroles. Celui-ci ne parle que
de ſoi-même, & il laiſſe les autres. Le moi, eſt tellement gra-
vé dans ſon cœur, qu'il eſt con-
tinuellement dans ſa bouche : il
roule toujours autour de ſon
pot, pour parler proverbe. Il
eſt ſi enfoncé en lui-même,
qu'il ne peut jamais en ſortir : il
faut qu'en bien ou en mal, il
parle de ce qui le touche ; il ra-
conte tantôt les beaux faits de
ſes ancêtres ; tantôt les conjonctures heureuſes & brillantes de
ſa vie. Ici, il vous avoue ſon

foible ; là, il fe jacte d'une belle qualité. Souvent il étale fes
richeffes ; quelquefois il vous
entretient de fes dettes. Enfin,
c'eft un *je*, c'eft un *moi*, c'eft
un *mon* perpetuel ! grande impoliteffe, s'il en fut jamais ; nulle peut-être qui péfe davantage
dans la Converfation.

Il en eft d'autres, qui veulent toujours être écoutez ; toujours parler, & comme l'on dit,
toujours tenir le bureau : autre
impoliteffe qui n'eft pas petite.
Il faut dans la Converfation
donner & recevoir ; il faut y
donner, en faifant part aux autres de fes réflexions, de fes
traits d'hiftoire........ Il faut y
recevoir, en prêtant volontiers
l'oreille à ce que les autres ju-
gent à propos de dire, & en
apprenant d'eux ce que nous
ignorons. Par-là tout eft con-

tent, & la Converſation devient
par ce moyen auſſi utile que dé-
licieuſe. Or, c'eſt ce qui n'eſt
pas conſtamment, lorſqu'une
ſeule perſonne y parle, & qu'elle y tient le haut bout, au point
que les autres peuvent à peine y
placer un mot. Il eſt très-diſ-
gracieux dans la Converſation
de ſe trouver avec des gens de
ce caractére. L'homme eſt fait
de telle ſorte, qu'il aime, par
un penchant naturel, à exprimer ce qu'il penſe ; à faire part
de ſes réflexions ; à occuper
quelque place dans les compagnies, & dans les différentes ſociétez où il ſe trouve. Dès qu'on
le prive de ce plaiſir, on lui déplaît ; on lui péſe ; on lui devient inſupportable. Parler à ſon
tour ; faire parler les autres en
les mettant en voye ; dire &
écouter ; parler & entendre ;

D d iij

s'énoncer & fe taire ; telle eft la conduite de l'homme qui fçait vivre, & qui fçait poliment & charitablement converfer.

Je laiffe le détail des autres fautes contre la politeffe, qu'on peut commettre dans la Converfation. Ce détail pourroit ennuyer ; on verra d'ailleurs aifément les défauts d'impoliteffe qu'on doit bannir des Converfations, en parlant des loix de la politeffe qu'on y doit obferver.

Les loix d'une honnête & chrétienne Converfation peuvent être placées en trois claffes : les loix de la charité, les loix de la juftice, les loix de la politeffe.

Les loix de la charité, que l'on doit garder dans le Converfations, font en bon nombre. La charité veut que nous ſupportions les défauts de ceux avec qui nous converſons, dans un eſprit de douceur & de patience, à la façon des meres à l'égard de leurs enfans, de qui elles ſouffrent tout, avec une bonté toute admirable. Si nous voulons être ſupportez dans nos défauts, le grand moyen & le grand ſecret, c'eſt de ſouffrir & de ſupporter les autres. (*a*) JESUS-CHRIST daignoit ſouffrir à ſa compagnie, des Diſciples imparfaits dans leur maniéres d'agir & de parler. Il ſupportoit leurs défauts avec une bonté toute paternelle. Nous devons ſuivre ſes traces ; nous devons à ſon exemple ſupporter nos freres. L'Apôtre des Gentils nous y exhorte en termes exprès dans ſon Epître aux Ga-

(*a*) *Si portari vis,* Kempis.
porta & alium. A

D d iiij

lates : fupportez-vous charitablement les uns les autres, écri-
voit-il à ces Fidéles ; c'eſt par-là
que vous accomplirez la Loi du
Rédempteur. (*a*) Sans le fup-
port du prochain, que deviennent les Converſations ? Au lieu
d'être des liens de l'amitié & de
la ſociété humaine ; elles ne ſont
plus que des ſources de diſſen-
tions, de railleries, de querel-
les, de haine, d'indignation ; &
loin de ſervir à nous rendre plus
méritans & plus parfaits, elles
ne ſervent au contraire qu'à nous
faire démériter, & à nous rendre plus coupables. Outre le
ſupport du prochain, la charité
exige qu'on donne un conſeil
ſalutaire dans le beſoin, qu'on
fortifie les foibles, qu'on conſo-
le les affligez, qu'on corrige

(*a*) *Alter alterius | adimplebitis legem*
onera portate, & fic | Chriſti. Gal. 6. 2.

ceux qui manquent , qu'on in-
ftruife les ignorans , qu'on parle
des chofes édifiantes , & qui
portent au bien , qu'on décide
les efprits peinés & irréfolus ,
qu'on prenne en main la caufe
de ceux que la médifance ofe
noircir & déchirer fans pitié.
Qu'on publie les vertus , & les
bonnes qualitez du prochain ,
qu'on paffe fous filence , fes imperfections & fes défauts : En
deux mots , la charité veut , que
dans les Converfations , nous
nous comportions à l'égard des
autres , ainfi que nous fouhaiterions que les autres en ufaffent à
notre égard.

Les loix de la juftice qu'il faut
obferver dans les Converfations,
défendent très-féverement le vice honteux de la calomnie,qu'on
commet toutes les fois qu'on
publie du prochain un crime

qu'il n'a point commis, dont il eſt
très-innocent, & qu'on invente
par malice : Rien de plus indigne d'un honnête-homme, à
plus forte raiſon d'un vrai Chrétien, que ce déteſtable vice,
que j'ai appellé honteux avec
raiſon, puiſqu'il couvre d'ignominie ſon auteur, dès qu'il eſt
découvert. Les loix humaines,
de concert avec les loix divines, puniſſent avec ſévérité ce
crime déteſtable. Ah ! qu'il eſt
bien de le punir ainſi ! puiſque
d'impoſer à un homme un crime, dont il n'eſt nullement coupable, c'eſt la conduite la plus
déraiſonnable ; c'eſt une action
des plus noires ; c'eſt un vice
des plus abominables. La juſtice défend non-ſeulement la calomnie, mais auſſi la ſimple
médiſance ; la médiſance proprement dite, qui n'invente &

qui n'impoſe rien ; mais qui publie ſeulement ce qui eſt vrai ;
qui découvre le crime qui eſt
certain. Ce vice quoique moins
grand que la calomnie, n'eſt cependant pas moins injuſte ; puiſqu'en découvrant le mal qui
étoit caché, en développant le
crime qui étoit voilé, & juſques-
là inconnu, il enleve au prochain un grand bien, qui eſt la
réputation, dont il étoit encore
maître & vrai poſſeſſeur : il eſt
très-conſtant que ce vice eſt défendu dans les divines Ecritures. Tous les Caſuiſtes tombent
d'accord de ſa malice, & il n'eſt
aucun ſçavant qui n'en convien-
ne, malgré les préventions de
certains petits eſprits, qui pen-
ſent que dès que la choſe eſt
certaine, on peut la publier ; &
qu'il n'eſt pas défendu de parler d'un crime, qui a été véri-

tablement commis. Erreur populaire, illusion groſſiere, oppoſée à la doctrine de tous les ſaints Docteurs. N'oublions rien pour vaincre le penchant pernicieux que nous avons tous à parler mal, à médire, à publier ce que nous ſçavons de mauvais ſur le compte de notre prochain. Prions le Seigneur, avec le Roi Prophete, de mettre un frein à notre langue, & une porte de circonſpection ſur nos lévres ; (a) & rappellons-nous ſouvent en idée, que les régles de la juſtice & les loix de l'équité défendent très-expreſſément, ſous peine de mort, & d'une mort éternelle, le vice de la calomnie & de la médiſance. Souvenons-nous que ces mêmes loix

(a) *Pone, Domine, cuſtodiam ori meo, & oſtium circumſtan-* | *tiæ labiis meis.* Pſal. 140. 3.

mandent , qu'on reſtitue au
ochain le degré de réputation
'on lui a dérobé par des dif-
urs médiſans, qu'on lui ren-
: l'honneur qu'on pourroit lui
oir enlevé par des affronts ,
i par des termes injurieux ;
u'on remette les choſes ſur le
ied qu'elles doivent être , &
u'on rende à chacun, en fait
'honneur , d'eſtime & de re-
iommée , ce qui lui eſt dû. Je
levrois ajouter ici , que l'équité
veut que l'on donne à la vertu
es éloges qu'elle mérite : qu'on
diſe du bien de ceux qui en ſont
dignes , & qu'on étale les bonnes œuvres, qui peuvent édifier
  décorer, pour parler ainſi ; la
réputation de nos freres , de nos
concitoyens.

  Les loix de la politeſſe , les
régles que l'honnêteté preſcrit
dans la Converſation , ne ſont

pas en petit nombre : elles regardent nos supérieurs , nos
égaux, nos inférieurs. En voici
le détail.

A l'égard des supérieurs , en
âge , en dignité , en naissance,
en autorité, les loix de la politesse & de l'honnêteté veulent ,
qu'on leur parle en termes de
soumission & de dévouement;
qu'on leur marque beaucoup de
respect , & de la déférence;
qu'on se comporte en leur présence, avec un air de modestie
& de retenue, qui sied si bien à
des inférieurs dans des pareilles
conjonctures. Si l'on peut être
prodigue en expressions & en
termes d'honneur : Tels que
» sont ceux qui suivent : Ayez la
» bonté , Monsieur ou Madame
» de m'accorder cette grace........
» Je vous prie de m'excuser si je
» prens la liberté de....... Je vous

» conjure de ne pas me refuser
» cette faveur.... Agréez que j'aïe
» l'honneur de vous repréfenter...
» Permettez - moi de vous dire,
» que....... Souffrez que je me
» donne l'honneur de vous expofer au naturel ce qu'il en eft......
Si, dis-je, l'on peut être prodigue en paroles & en termes
d'honneur ; c'eft à l'égard des
fupérieurs & des grands qu'il
convient de l'être. Il faut pourtant l'avouër, tous les hommes
font d'une même efpéce ; les animaux raifonnables font tous d'u-
ne même nature : D'où il fuit,
que le fçavoir vivre ne demande pas des inférieurs à l'égard
de leurs fupérieurs un refpect
tout-à-fait fervile , une vénération baffe & rempante , une
complaifance abfolue , exceffive, une foumiffion temblante &
fans nulle exception. Une per-

sonne polie, bien élevée, & qui
sçait vivre en Chrétien , & en
honnête-homme, respecte & ré-
vére ses supérieurs & les grands,
sans bassesse : elle sçait leur com-
plaire avec mesure : elle sçait
leur obéir sans esclavage ; sur-
tout quand le souverain Maître
est interessé dans cette obéissan-
ce , & qu'il en seroit offensé :
car comme nous l'enseigne le
Prince des Apôtres, dans le pa-
rallele de deux maîtres , & de
deux commandemens ; il vaut
mieux obéir au plus grand, &
laisser le moindre. » Il vaut
» mieux infiniment obéir à Dieu
» qu'aux hommes. La seule raison naturelle inspire cette maxime. A ces réflexions, j'en ajoute une derniere , qui n'est pas
hors d'œuvre : sçavoir qu'avec
les grands & les supérieurs, une
fermeté modeste est quelquefois

de

de ſaiſon : Ciceron dans une de
ſes Lettres loue un certain étranger , qui lui étoit recommandé
par un de ſes amis : » de ce qu'il
» parloit en préſence des grands,
» avec une modeſte fermeté , &
» avec une ferme modeſtie. Une
maniére de parler baſſe & trem-
blante enfante le mépris & le
peu d'eſtime.

Les loix de la politeſſe exi-
gent à l'égard de nos égaux;
que nous les traitions , & que
nous leur parlions avec douceur, avec affabilité , avec charité ; manquer à ce devoir par
des maniéres & des paroles
bruſques , par des airs dédaigneux & mépriſans, c'eſt conſtamment ignorer l'art de la politeſſe & de l'honnêteté. Avec
les égaux, il faut ſe comporter
avec aiſance , & leur montrer
une face riante, des yeux doux,

Tome I. E e

un cœur ouvert ; sans pourtant
s'oublier d'un certain respect,
d'une certaine considération,
qu'il faut leur marquer de tems
en tems, par des maniéres honnêtes, & par des termes de politesse. Une familiarité modérée trouve quelquefois sa place fort à propos dans la Conversation entre les personnes
égales, singuliérement chez les
Dames : dont les maniéres sont
plus vives, plus tendres, plus
ouvertes entre elles, lorsqu'elles sont sans témoins de diffé-
rent sexe.

La politesse par rapport aux
inférieurs demande qu'on ait à
leur égard des maniéres affables, douces & tendres. Qu'on
leur parle avec bonté, en termes d'amitié, & d'un air doux
& favorable. L'air grand attire
l'estime & le respect ; mais l'air

doux & favorable, dit Madame
de Saint-Evremont, (*a*) ne fait
pas de moins bons effets. On
peut même dire, qu'il en produit de meilleurs, puisqu'il fait
naître dans le cœur des inférieurs l'amour, l'attachement,
le zéle, le dévouement sincére :
ce qui vaut mieux, sans doute,
qu'un certain respect qui n'est
souvent qu'extérieur & superfi-
ciel : de-là les éloges que l'on
donne aux Princes & aux grands
qui sont populaires, qui sont
bons & tendres à l'égard de
leurs peuples. Pour mieux entrer dans ces maximes, il n'y a
qu'à faire attention, que nos inférieurs ne sont pas d'une autre
espéce que nous ; qu'ils sont de
la même nature ; qu'ils ont le

(*a*) Tom. 6. de ses Ouvrages.

Ee ij

même Pere célefte ; qu'ils pré-
tendent au même bonheur ;
qu'ils participent aux mêmes Sacremens ; qu'ils mangent, qu'ils
boivent, qu'ils dorment, qu'ils
aiment, qu'ils penfent, qu'ils
raifonnent comme nous ; quelquefois même mieux que nous.
Pourquoi donc traiter des gens,
avec qui nous avons tant de ref-
femblance, d'une maniére fi différente de celle que nous exi-
geons qu'ils ayent à notre égard?
Pourquoi ne pas leur parler en
pere plutôt qu'en Juge ? Pourquoi fe comporter avec eux
d'une façon hautaine & orgueil-
leufe ? Pourquoi enfin ne pas
converfer avec nos inférieurs,
ainfi que nous fouhaiterions que
nos fupérieurs le fiffent avec
nous ? Sondons nos cœurs ;
voyons ce que nous défirerions
de la part de nos fupérieurs : nos

désirs, en ce point, doivent nous fervir de régle à l'égard de ceux que le fouverain Maître a placé un peu ou beaucoup au-deſſous de nous.

En vérité, Madame, s'écria dans cet inſtant Monſieur le Commandeur, vous venez de bien nous régaler. Les mets différens que vous avez eu la bonté de nous préſenter ſont de bon goût : L'on ne peut, en s'en nourriſſant, que profiter beaucoup, ſur-tout dans l'art de bien converſer. Mon cher neveu, ajouta-t-il, en donnant un coup d'œil au Chevalier, mangez, dévorez ces avis, ſi je puis uſer de ces expreſſions ; que ces leçons deviennent pour vous des préceptes, & des régles de conduite. N'oubliez point ſur-tout d'obſerver dans vos Converſations les loix de la charité, &

d'une douce & aimable politeffe. Avec quoi vous ne blefferez
point votre confcience , & vous
ferez bien venu par-tout. La
Converfation finit-là. En nous
levant, je jettai, comme à la
volée, ce petit diftique, que le
Pere Romain me fit répeter deux
ou trois fois.

Quiconque parle bien , & fçait l'art de fe
    taire ,
Ne peut en converfant, qu'édifier & plaire.

CONVERSATION VIII.

La Lecture.

Le Révérend Pere ROMAIN.
Me. la Marquife de TERRE-NEUVE.
Madame de ROCHE-COLOMBE.
M. le Baron de ROQUE-PERTUIS.
M. le Commandeur de RICHEMONT.
MM. . . . . . .

L'ABBE' AU-VRAY.

LE Révérend Pere Romain,
qui avoit beaucoup écouté,
& très-peu parlé dans la derniere Converſation, fut prié par
Madame la Marquiſe, au commencement de celle-ci, de nous
faire part de ſes penſées, ſur le
ſujet de la Lecture, qui eſt un
des plus efficaces, & des plus

aifez moyens pour devenir bon
Chrétien & parfait honnête-
homme. Le Révérend Pere répondit à Madame la Marquife
avec beaucoup de politeffe : Il fe
prêta à fes défirs , & il ajouta qu'il
auroit un plaifir fingulier d'être
à fon tour un de fes auditeurs;
quand elle voudroit bien hono-
rer la compagnie de fes réflexions fur le fujet propofé. Mon
Révérend Pere, répliqua la Marquife , commencez toujours;
donnez-nous l'exemple , ainfi
qu'il eft de la bienféance que
vous le faffiez, enfuire nous ver-
rons : peut-être trouverons-nous
dans notre jardin quelques fleurs,
dont nous puiffions faire préfent à l'Affemblée , fi elle veut
bien l'agréer. Nous ferions bien
de mauvais goût, Madame, reprit Monfieur le Commandeur,
de n'être pas charmés de vous
entendre

entendre parler, quand il vous plaira de le faire : nous serons toujours prêts à vous écouter avec zéle.

Avant d'entrer en matiére, je lirois volontiers, dit alors Madame de Saint-Evremont, en présence de la Compagnie, si elle le trouvoit bon ; une lettre que j'ai reçûe depuis peu, de la part de Madame la Comtesse de l'Isle-Bonne, qui est ma proche parente, & ma bonne amie. Vous nous ferez bien du plaisir & de l'honneur, s'écria avec empressement Madame de Roche-Colombe ; pour moi, je vous écouterai avec un plaisir sensible. J'aime tant cette Comtesse, c'est là meilleure personne du monde ; elle a tout le mérite possible ; elle joint à une grande politesse une cordialité toute aimable. Je tombai chez elle, il y a quelque tems, en revenant de prendre les eaux de......... Je fus reçûe comme le seroit une mere, & traitée en amie plutôt qu'en étrangere. Y a-t-il long-tems ajouta-t-elle, qu'elle vous a écrit? Madame, il n'y a que deux jours que j'ai reçû sa lettre, qui est datée du quinze du courant, & nous sommes au trente; elle a, comme vous le voyez, resté long-tems en chemin: Quoiqu'il en soit du tems que la lettre est écrite: voici ce qu'elle contient; je vais actuellement en faire la lecture.

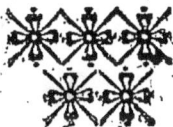

LETTRE

A MADAME

DE SAINT-EVREMONT.

Madame, ma chere Couſine;

NOTRE ſilence eſt trop long; il faut enfin le rompre : mais que vous dire ? Et ſur quel ton vous parler ? ne ſçavez-vous pas tout ce que je puis ſçavoir, & au-delà ? Vous, qui tous les jours conferez avec les ſçavans & les beaux eſprits, & qui d'ailleurs trouvez dans vos réflexions profondes, & dans vos lectures choiſies, des lumiéres peu communes, ſur-tout à notre ſexe, qui généralement parlant ne ſe pique guéres d'érudition. Etant donc, ma chere couſine, l'une des ſçavantes

F f ij

de notre siécle. (Je parle de
vous) il ne me siéroit pas bien,
à coup sûr, de prendre ici un
ton doctrinal ; je dois prendre
chez vous des lumiéres plutôt
que de vous en communiquer.
Je me retranche donc, & je me
réduits à des faits ; je parlerai
des nouvelles publiques & particuliéres ; je serai la nouvel-
liste.

Il se parle par soupçon d'un
traité de paix : Le Conseil est
extrêmement secret ; ce n'est
que par de petits soupiraux,
qu'on en sçait quelque chose.
La guerre est pourtant toujours
plus allumée, & les préparatifs
en sont toujours plus grands :
c'est un trait de politique ; car
on n'ignore pas que toutes les
Couronnes de l'Europe souhai-
tent la paix ; mais pour avoir la
paix, il faut, comme l'on dit,
préparer la guerre.

Le Roi vient de porter un Edit ſevere & rigoureux, contre les impies blaſphémateurs du ſaint Nom de Dieu. Il a ſuivi les pieuſes trâces de ſes illuſtres Prédeceſſeurs, ſinguliérement de Louis IX. ce grand Roi, ce grand Saint, qui ordonna qu'on perceroit la langue avec un fer chaud de tous les blaſphémateurs de l'adorable Nom de Dieu : ce qu'il fit exécuter, avec une fermeté digne d'un Roi Très-Chrétien : Un homme de qualité, s'étant rendu coupable du péché de blaſphême, ayant violé les loix divines & humaines qui le défendent ; il fut accuſé, il fut déferé : le Roi ordonne qu'il ſoit puni ; on le prie, on le ſupplie de lui pardonner : Rien ne peut le fléchir. Le Gentil-homme fut percé ignominieuſement, & l'inſtrument

F f iij

de son péché devint comme
l'instrument de sa pénitence. Si
tous les blasphémateurs du Nom
Divin étoient ainsi traitez ; quelle réforme dans les discours des
hommes ! Quelle récompense
pour les Princes, qui procure-
roient cette réforme par leurs
Edits pieux, & pour les Com-
mandans, qui employeroient
leur autorité avec un zéle de
Phinéez, pour l'exécution de
ces Edits Religieux & Chrétiens !

Je vous prie, Messieurs, de
remarquer, dit alors Madame
de Saint-Evremont, que si Madame de l'Isle-Bonne tient des
discours si pieux, c'est qu'elle a
donné dans la haute dévotion ;
ce qui ne l'empêche pas d'être
civile, affable, honnête : au
contraire, je trouve qu'elle a
plus de courtoisie, plus de dou-

ceur, plus d'honnêteté, depuis qu'elle eft montée à ce grand point de piété & de religion : ce qui montre évidemment, que la piété bien prife ne gâte rien ; mais plutôt qu'elle eft bonne, & qu'elle fert à tout. Je reprens la lecture de ma lettre, la parenthéfe feroit trop longue.

Madame la Ducheffe de Vilfrid, cette illuftre & aimable perfonne, eft morte depuis peu, après avoir reçu, avec une piété exemplaire, tous les Sacremens de l'Eglife. Elle avoit une Bibliothéque des mieux choifies ; c'étoit prefque tout des livres de piété, de belles lettres, ou d'hiftoire. Elle a eu la bonté de m'en léguer une bonne partie. J'ai reffenti comme je le devois, ce bon fouvenir de fa part, auffi mes foibles prieres ne lui font pas accordées avec éco-

nomie. Je prie pour fon repo
éternel avec libéralité , je veu
dire fouvent & long-tems. Les
pauvres n'ont pas été oubliés
dans fon teftament : outre bien
d'autres legs pieux, qui les regardent ; elle leur a donné tout
ce qu'elle pourroit avoir d'argent monnoyé à fa mort. On a
trouvé dans fa caffette deux cens
louis, qu'on a diftribué aux in-
digens , le jour même de fes fu-
nérailles. Mille pauvres lui donnent mille bénédictions : & font
pour elle des millions de priéres.

Madame la Marquife de Saint-
Julien , qui vous eftime beaucoup, a connu l'abus du monde : Elle l'a quitté avant qu'il la
quittât ; elle s'eft tournée à bonne heure du côté de la vraie dé-
votion ; elle s'eft mife fous la
conduite d'un fameux Directeur,

dont les avis la font avancer à grand pas dans la voye de la perfection ; elle devient tous les jours plus fervente dans le Divin fervice.

Monfieur de l'Ifle-Bonne a de tems en tems fes attaques de goûte aux pieds. Je participe à fes douleurs par la compaffion que je lui porte ; & nonobftant ma triftefse & la fienne ; je m'efforce de le divertir, même dans le feu de fon mal. Je le fais rire quelquefois, fur-tout lorfque je lui dis, que fon infirmité eft rufée, comme le plus fin des animaux, en ce que pour être plus fûre de fon fait, pour vaincre & abattre mieux fon homme : elle n'en vient pas aux mains avec lui ; mais, fans mot dire, elle vient tout à coup le prendre par les pieds, pour le culbuter & l'étendre dans un lit,

où elle le livre à un état d'inaction, de douleur & de peine.

Le Marquis de l'Isle-Bonne,
mon aîné, se porte par merveille : Le Seigneur en soit loué : la
Marquise ma belle-fille jouit de
même d'une santé parfaite : cela
me cause bien de la joie ; mais
ce qui me réjouit beaucoup plus,
c'est de voir que l'union conju-
gale de ces deux jeunes époux,
est toujours plus forte, plus sainte, plus chrétienne : Car je vous
dirai confidemment, ma chere
cousine, que tous les matins ils
ne manquent point de faire enfemble une demi-heure d'oraison mentale, immédiatement
après la priere vocale, que tous
les bons Chrétiens font à leur
lever. Le soir sur les cinq heures, ils vont passer une demi-
heure devant le très-saint Sacre-
ment, pour y réciter plus dévo-

tement le Chapelet , & y medi-
ter avec plus d'attention fur les
Myfteres de la Paffion, ou de la
Vie du Sauveur. On peut dire,
avec vérité , que ces deux perfonnes vivent faintement & tran-
quillement , & qu'elles s'aiment
en Dieu & pour Dieu.

Le Chevalier eft toujours au
fervice : il s'eft trouvé dans plufieurs actions : il a été bleffé en
deux endroits , à la tête , & au
pied gauche ; à la tête , c'eft un
coup de fabre qui n'a fait qu'ef-
fleurer ; au pied , c'eft une bale
qui a bien fait du ravage dans
cette partie : il n'en eft pourtant
pas boiteux. Vous ne ferez pas
fâchée d'apprendre que ce cher
enfant, comme un autre Ignace de Loyola, s'eft entierement
donné à Dieu , dans l'intervale
de tems qu'il a fallu pour guérir
de fes bleffures. Le pieux livre

de l'Imitation de Jefus-Chrift a
fait fa confolation dans fes maux
& dans fes douleurs ; mais s'il a
fait fa confolation, il a fait auffi
fa converfion ; ou plutôt Dieu
s'eft fervi de la lecture de ce livre édifiant , pour le toucher,
pour le convertir : il eft aujour-
d'hui tellement changé , qu'il
n'eft plus le même : Vous n'i-
gnorez pas fes vivacitez , fes
légeretez de jeuneffe , vous fçavez qu'il étoit dans le monde &
du monde. Son cœur n'étoit
guéres ambitieux de la gloire
célefte ; mais beaucoup de la
gloire mondaine & des honneurs du fiécle. Actuellement
ce n'eft plus tout cela ; ce n'eft
rien même de tout cela. Il ne
foupire que pour la gloire fans
fin ; fes vûes ne tendent qu'à
Dieu. Il n'a de prétentions que
fur l'héritage éternel, & s'il tra-

vaille fans relâche , c'est toujours pour acquerir le repos qui
ne finira jamais. Pour moi j'appelle fouvent fes blessures de
bonnes & d'aimables blessures,
puifqu'elles ont operé , ou donné lieu à la grace d'opérer un fi
heureux & fi admirable changement. Dieu en foit loué dans
tous les fiécles.

Vous vous attendez , fans
doute, à quelques nouvelles qui
me touchent encore de plus
près, les voici : J'ai de la fanté
actuellement, & je benis le Seigneur qui me la donne. Ce terme, d'actuellement, vous fait
foupçonner que j'avois perdu
auparavant le précieux bien de
la fanté ; votre foupçon n'est pas
téméraire : Car j'ai été griévement malade. J'ai employé pour
ma guérifon bien de bonnes
ames, qui ont beaucoup prié,

& de bons Médecins, qui ont
beaucoup ordonné, & fi bien
ordonné, qu'enfin les remédes
ont été victorieux de la maladie.
Elle a cedé la place à la fanté,
après l'inter-regne, pour ainfi
parler, d'une convalefcence de
deux mois, qui, comme vous
le voyez, n'a pas été courte.
Maintenant que je jouis d'une
fanté parfaite, je me conferve
un peu mieux que je ne le fai-
fois. J'étois un peu prodigue de
ce bien naturel, dont on ne connoît parfaitement le prix que
quand on l'a perdu.

Du refte je m'apperçois un
peu tard que ma Lettre eft ex-
ceffivement longue. Que vou-
lez-vous, ma chere coufine, &
ma très-chere amie : mon cœur
qui vous aime n'a pû vous quit-
ter fitôt.

D'ailleurs il convenoit de la

proportionner au long ſilence que nous avions gardé vous & moi, par je ne ſçai quel motif. C'eſt pourtant-là un défaut, corrigeons-nous-en , & puiſque j'ai commencé la premiere , uſez, je vous prie, au plutôt de retour. Donnez-moi de vos chéres nouvelles, je m'attends à cette grace, & dans cette douce attente, j'ai l'honneur d'être avec un tendre & ſincere attachement,

Madame, ma très-chere Couſine,

Depuis ma Lettre écrite, j'ai appris que la paix étoit ſur le point de paroître , & que bien-tôt elle redonnetoit à l'Europe la joie, la tranquillité, les richeſſes.

Votre très-humble & très-obéiſſante ſervante, la Comteſſe de l'ISLE-BONNE.

Cette Lettre fut écoutée, avec toute l'attention possible. Sa longueur parût courte, tant la lecture en fût agréable. Maintes réflexions, passez-moi ce terme Gaulois, se firent sur les nouvelles, & sur les différens faits qu'elle contient : après quoi le Révérend Pere Romain prit la parole sur le sujet de la Lecture, ainsi qu'il l'avoit promis : Il fit de son mieux, pour satisfaire aux pieux désirs de Madame la Marquise & de toute l'Assemblée : Voici comment il s'y prit.

La Lecture est une grande ressource pour tout. La Lecture sied bien au grand & au petit : elle convient à l'homme d'Eglise, elle ne fait pas déshonneur à l'homme d'épée, c'est un trésor que la Lecture, mais un trésor bien riche, bien fécond,

fécond, bien abondant. L'on
puife dans ce tréfor, pour parler avec l'Ecriture : *Nova & ve-*
tera. Des chofes nouvelles &
anciennes ; on en tire des piéces
vieilles & des nouvelles efpéces ; les penfées des anciens &
les réflexions des modernes s'y
offrent à nos yeux : Sommes-
nous dans les ténébres de l'ignorance ? La Lecture nous éclaire ; fommes-nous abforbez dans
un gouffre de trifteffe & de mélancolie ? La Lecture nous réjouit, nous confole, nous re-
met dans une affiette naturelle ;
fommes-nous irréfolus, dans la
perplexité, & comme flottans
entre deux écueils ? La Lecture nous décide, elle nous dirige, elle nous montre le droit
chemin, elle nous fait appercevoir les fentiers détournez qui
nous meneroient à la perdition.

Tome I.   G g

Parlons au naturel, la Lecture
leve nos doutes ; elle éclaircit
nos difficultez ; elle débrouille
nos embarras d'esprit : C'est par
son moyen que nous nous enri-
chissons des biens de l'ame, &
que nous acquerons des lumiéres infiniment plus précieuses,
que l'éclat de l'or & des pierreries. Un homme sans Lecture
ne sera jamais fort utile, ni à
l'Etat, ni à aucun Corps de société. Et si l'on voit que le contraire arrive, par la vivacité de
l'esprit , & par le secours des
autres talens naturels : Quelle
différence ! Si la Lecture avoit
été de la partie : Si la Lecture
avoit étendu & perfectionné les
beaux talens de la nature. Le
bon parti , c'est de se résoudre
à lire ; c'est d'aimer à s'instruire
par le moyen de la Lecture ;
c'est de secouer la paresse, &

de prendre ſouvent en main les inſtrumens de la ſcience & de la littérature, qui ſont les Livres, que nos Peres nous ont laiſſé, & qu'ils ont compoſé avec tant de peine & d'exactitude. Le grand point conſiſte à bien régler & à bien diriger nos lectures. Or trois choſes ſont requiſes dans cette vûe : la premiere, c'eſt de lire de bons livres : la deuxiéme, c'eſt de lire autant de tems qu'il faut : la troiſiéme, c'eſt de lire de la maniére qu'il faut.

La Lecture des bons livres ne peut ſûrement être que bonne ; elle ne peut que produire de bons effets. C'eſt une bonne ſource, d'où il ne peut naître que de bons ruiſſeaux. C'eſt à cette ſorte de Lecture, qu'il faut conſtamment s'attacher pour pluſieurs raiſons, dont voici les rai-

G g ij

fons principales. La Lecture des bons livres rend fçavant, elle éclaire l'efprit. La Lecture des bons livres rend pieux, elle corrige, elle perfectionne le cœur. La Lecture des bons livres rend poli & honnête, elle corrige, elle perfectionne les maniéres. Voilà de grands avantages, s'écria pour lors Madame de Roche-Colombe, je vous crois, mon Révérend Pere, ajouta-t-elle, fur votre parole; mais je voudrois pourtant bien voir un peu plus clair en tout cela. Madame, reprit le Pere, je vais montrer; je vais développer tout ce que j'ai avancé.

J'ai dit d'abord que la Lecture des bons livres rendoit fçavant, qu'elle inftruifoit, qu'elle éclairoit l'efprit. Cette propofition me paroît vraie & nullement douteufe. On devient fça-

vanr , inftruit , éclairé ; com-
menr ? Par l'étude de la Philo-
fophie , des Mathématiques , de
la Théologie Scholaftique, des
Cas de Confcience , de la Ju-
rifprudence. C'eft - là conftamment ce qui bannit l'ignorance
de l'efprit humain : C'eft-là ce qui
l'inftruit , ce qui l'éclaire, ce qui
le rend habile & fçavant. Or ,
comment vaquer à l'étude de
toutes ces Sciences , & s'en procurer par-là l'acquifition ? N'eft-
ce pas par la Lecture ? n'eft - ce
pas en lifant les bons Auteurs
qui en ont traitez ? N'eft-ce pas
en fouillant , en cherchant dans
les livres le tréfor de la vérité ?
Ce n'eft pas dans le fonds d'une
terre matérielle , où elle ne fçauroit fe trouver , mais dans le
fonds des livres fçavans & fon-
ciers, pour parler ainfi, où elle
eft cachée , répandue & comme
mife en réferve.

Oui, c'eſt par le canal de la Lecture, que la vérité coule inſenſiblement dans nos eſprits. C'eſt par les yeux, comme par deux fenêtres vivantes, que les rayons du vrai entrent & pénétrent juſques dans notre entendement ; qu'ils le réjouiſſent, qu'ils l'éclairent, & qu'ils le perfectionnent. Je n'ignore pas que la vérité & que les ſciences entrent auſſi chez nous par l'organe & le canal de l'ouie, qui eſt ſi utile & ſi néceſſaire à l'homme ; mais les ſçavans Profeſſeurs que l'on entend, où eſt-ce qu'ils puiſent ? N'eſt-ce pas dans les ſources, dans les livres originaux, qu'ils liſent & qu'ils parcourent ſans ceſſe ? Il faut ſe déſabuſer, la Lecture eſt comme la baſe de l'édifice des Sciences ; elle eſt comme la ſource des ruiſſeaux de ſageſſe, qui

coulent de la bouche des gens
sçavans. C'est à cette source qu'il
en faut toujours revenir ; c'est à
cette origine qu'il faut remon-
ter ; c'est ce moyen efficace dont
il faut user ; c'est cette voye
qu'il faut prendre, si l'on veut
parvenir à la connoissance de la
vérité, & à l'acquisition des
Sciences. Je remarque ici en
passant, que s'il est question des
véritez dogmatiques, ce n'est
point par la voye de la Lecture
& de l'examen, que le particulier doit atteindre à la connoissance de la vérité contestée par
les partisans de l'erreur ; mais
plutôt en écoutant en humble
disciple, en vrai fidéle, les dé-
cisions du juge des controver-
ses, qui est la vraie & sainte Eglise, ainsi que les sçavans de nos
jours l'ont évidemment démon-
tré contre les Protestans, singu-

liérement contre les Sectateurs
du Capital, ennemi de la réali-
té qu'on ne connoît que trop en
France.

Il faut tomber d'accord de
tout ce que votre Révérence
vient de nous faire l'honneur de
nous expofer, dit pour lors Madame la Marquife, cette Dame
qui aime tant la Lecture : Mais,
mon Pere, ajouta-t-elle, tout le
monde ne peut pas lire les livres
fçavans : Nous autres femmes,
nous ne fommes guéres propres
pour ces fortes de lecture. Ce
n'eft pas le gibier dont nous devons nous nourrir, ferons-nous
donc exilées, ferons-nous abfolument profcrites de la région
des Sciences ? Une femme ne
peut-elle point être fçavante,
éclairée, habile ? Madame, lui
répondit le Pere Romain, le
Seigneur des Sciences n'a pas
jugé

jugé convenable d'en faire part
à tous ; ce qui eſt précieux doit
être un peu rare : Il en eſt des
Sciences comme des richeſſes.
Si les richeſſes avoient été données à tous les hommes, il y
auroit dans le monde des maux
& des inconvéniens qui n'y ſont
point. Que ſeroit devenue la
ſubordination dans cette hipo-
théſe ? Quelle ſeroit la liaiſon &
l'union dans la ſociété des hommes ? Quel ſeroit le rapport &
le lien parmi les individus de
notre eſpéce ; s'ils étoient tous
commodes , riches, également
partagez des biens de la fortune ? N'eſt-ce pas l'interêt, le beſoin & la néceſſité, qui ſoumet-
tent l'homme au travail ? qui le
rendent humble & petit à ſes
yeux ? qui lient l'homme avec
l'homme ; le pauvre avec le riche , l'ouvrier avec celui qui

l'employe ? La comparaison
est entiére : si les Sciences
étoient le partage des deux se-
xes & de tous les hommes ;
Mon Dieu ! Que de suites funestes, que de maux, que d'inconvéniens dans l'univers ! Que
d'orgueilleux, que de personnes vaines, que d'entêtez, que
d'hérétiques ! Il y a de toutes
ces sortes de mauvais grains
dans le monde, j'en conviens :
Mais combien plus y en auroit-
il, si les Sciences étoient communes, & universellement répandues dans tous les esprits,
dans tous les lieux, chez toutes
les Nations ! Dieu a bien fait
toutes choses : le Très-Haut est
admirable en tout ; des petits
êtres tels que nous sommes ne
doivent qu'admirer, qu'adorer
dans un profond silence les me-
sures & les arrangemens tou-

jours juftes & toujours fages de
la Providence Divine. Mais
pour en venir , Madame , au
point précis de la difficulté que
vous m'avez fait la grace de me
propofer ; j'ai l'honneur de vous
dire , & vous l'avez vous-même
dit avant moi , que la plûpart
des hommes ne peuvent point
vaquer aux Lectures fçavantes :
mais , au même-tems j'ajoute ,
que cette forte de Lecture ,
quoique fort louable & relevée,
n'eft pas abfolument néceffaire ,
du moins au grand nombre ,
puifque les Sciences , ainfi que
je l'ai fait voir , ne font pas &
ne doivent pas être le partage
de tous les hommes. Je dis de
plus , que les femmes ne font
pas deftinées pour être des tré-
fors de fcience ; leurs fonctions
ne font pas d'enfeigner. L'Apôtre des Nations leur défend cet

emploi, du moins en public.
(a) La femme ne doit point af-
fecter d'être fçavante, elle ne
doit pas fe piquer de hautes
fciences, ni de lectures qui tendent à les acquerir. Ce ne font
pas là les mets dont elle doit fe
nourrir dans le cours ordinaire
des chofes. Mais comme toutes les régles font foumifes aux
exceptions, & qu'il arrive que
de certaines femmes ont des
difpofitions particuliéres pour
les fciences, pour les connoiffances relevées & fublimes;
celles-là peuvent devenir habiles & fçavantes, vaquer à la lecture des livres de fciences, &
converfer avec les gens doctes
& éclairez : mais le nombre de
ces fortes de femmes, (qu'il me
foit permis de le dire) n'eft pas

(a) *Docere mulieri*
non permitto. 1. Tim. | 2. 12.

bien grand : Madame la Marquife, en fait de Sciences, n'a
pas beaucoup d'émules. Si les
Dames d'Acier, de la Sabliére,
de Scudery, & quelques autres
de cette efpéce vivoient encore, elles trouveroient plus aifément compagnie. Quoiqu'il en
foit, on peut dire, que les
Dames, généralement parlant,
ont l'efprit plus vif, plus fin,
plus délicat, que les hommes :
mais auffi, il eft tout vrai & tout
vifible, (pourrai-je m'exprimer
en notre faveur ?) Que les hommes ont l'efprit plus folide, plus
étendu, plus propre aux fciences & au gouvernement que les
femmes. En deux mots, les
femmes ne font pas abfolument
& univerfellement brouillées
avec les Sciences ; mais il n'y a
pas entr'elles une grande relation, une grande liaifon. Les

hommes au contraire sont si fort
les amis des Sciences , que par-
tout ils les apprennent ; par-
tout ils les enseignent ; par-tout
ils en parlent ; par - tout ils s'en
servent avantageusement ; soit
pour leur propre conduite , soit
pour celle des autres : Ils sont
destinez à cet effet ; c'est un de
leurs principaux emplois : En
s'efforçant de le remplir , ils sont
dans l'ordre ; ils occupent leur
place ; ils tiennent leur rang.

Le Pere Romain s'étant ainsi
exprimé sur le compte des femmes & des hommes , par rapport
aux Sciences ; il se tût un moment , & il parût un peu rê-
veur : après quoi reprenant la
parole , il nous dit , que le Révérend Pere de Ternaud , Religieux de son Ordre , des plus
sçavans & des plus éclairez , lui
avoit envoyé depuis peu une

petite differtation fur les Sciences, prifes en général & dans
un fens étendu. Nous lui dîmes
qu'il nous feroit beaucoup de
plaifir de nous en faire part ;
mais qu'il nous paroiffoit à propos d'en remettre la Lecture à
la fin de la Converfation, afin
que le fil de fes penfées fur le
fujet de la Lecture, ne fût pas
trop long-tems coupé. Il fut de
notre avis : & tout de fuite, il
fe remit à parler fur le principal
fujet de l'entretien, je veux dire, fur la Lecture. Nous l'é-
coutâmes fort attentivement fans
l'interrompre, & fans former la
moindre difficulté.

Si la Lecture des livres de
fciences rend fçavant, fi elle
perfectionne l'efprit ; il faut tomber d'accord, que la lecture des
livres de piété rend pieux, &
qu'elle corrige & perfectionne
le cœur.   H h iiij

Le cœur qui est vicieux, ne sçauroit long tems tenir contre la force & l'efficacité de la Lecture de piété. Augustin se rend enfin à la grace ; ses résistances cessent ; son cœur est touché, il est attendri ; les soupirs, les gémissemens & les larmes prouvent évidemment qu'il est gagné ; quelle est la cause d'un si heureux effet ? Il ouvre les Epîtres de saint Paul, il en lit un endroit touchant, & la grace se sert de cette Lecture pieuse, pour achever le grand ouvrage de sa fameuse conversion.

Ignace de Loyola se dégoute du siécle, il se convertit parfaitement, il se donne sans réserve au Seigneur. D'où vient cet heureux changement ? Il demande des livres pour s'amuser ; on lui en fournit de pieux ; il les lit ; il y prend du goût ; il est touché, il est converti.

Quels éloges les Saints Peres n'ont-ils pas donnés à la Lecture sainte ? » La Lecture, di-
» sent-ils, est la nourriture spiri-
» tuelle de l'ame ; elle la rend
» forte & constante contre les
» tentations ; elle lui inspire de
» saintes pensées, & des désirs
» ardens pour le Ciel. Elle éclai-
» re l'entendement ; elle embra-
» se la volonté ; elle console
» dans les ennuis & dans les af-
„ flictions du siécle ; elle est la
„ mere de la joie spirituelle &
„ selon Dieu. "

Ah ! que la Lecture de piété
est utile, quelle est avantageuse,
quelle produit de bons effets !
N'est-ce pas la Lecture pieuse,
qui nous découvre les beautez
de la vertu ; la nécessité absolue de l'embrasser ; les moyens
de la mettre en œuvre ? N'est-

ce pas la Lecture pieufe , qui
nous développe les difformitez
du vice, qui nous fait appercevoir l'abîme où il conduit ; qui
nous expofe les châtimens horribles qu'il mérite, & dont il eft
fuivi ? N'eft-ce pas la Lecture
pieufe, qui nous dépeint les hor-
reurs de la mort ; les terreurs
des Jugemens divins ; la vivacité des feux éternels ; l'éclat de
la gloire fans fin ? N'eft-ce pas
la Lecture pieufe, qui nous montre nous-mêmes à nous-mê-
mes ; en nous repréfentant nos
défauts & nos imperfections ; en
nous faifant voir comme dans
un tableau les ombres de notre
vie ; en nous mettant devant les
yeux, comme dans un miroir,
les taches de notre ame ? Enfin
n'eft-ce pas la Lecture pieufe,
qui ouvre le cœur dans l'afflic-
tion, & qui le confole ? *Haben-*

ıes ſolatio libros ſanctos : (*a*) Qui
nous dirige , qui nous ſoutient
dans nos voyes épineuſes ? *Lu-*
cerna pedibus meis verbum tuum.
(*b*) Qui en qualité d'œuvre ſainte & très-bonne , augmente le
tréſor de nos mérites ; & conſéquemment le prix & le dégré
de notre récompenſe à venir ?
Reddes unicuique , juxta opera
ſua. (*c*) En vérité la Lecture ſainte produit dans l'homme d'admirables effets. Auſſi les Ecrivains ſacrez & les Saints Peres
nous la recommandent - ils avec
zéle , & en termes formels.

Saint Paul exhorte ſon cher
diſciple Timothée, à y vaquer
aſſidument. (*d*)

Saint Athanaſe parle ſur ce
ſujet d'une maniére très-forte :

(*a*) 1. Mac. 12. 9. | (*d*) *Attende lectio-*
(*b*) Pſal. 118. 105. | *ni.* 1. Tim. 4. 13.
(*c*) Pſal. 61. 13.

Ne regardez pas, dit-il, les personnes, qui n'ont point de goût
pour la lecture des saints Livres,
comme vraiment attachées au
service de Dieu. (*a*)

Saint Jerôme qui étoit un si
grand partisan de la Lecture,
exhorte fortement à s'y addon-
ner, la célébre Eustochie, cette digne fille de la grande sainte Paule, voici ses termes : Que
le sommeil vous surprenne ayant
le Livre sacré à la main ; & si
votre face tombe par un effet
du sommeil, que ce soient les
Ecritures divines qui la reçoivent. (*b*)

Saint Ambroise donne à la
Lecture un éloge d'un sens fort
étendu. C'est par la Lecture,

(*a*) *Sine legendi studio, neminem ad Deum intentum videas.* S. Ath.
(*b*) *Tenenti codicem somnus obrepat, & cadentem faciem pagina sancta suscipiat.* S. Hieron. Epist. ad Eustoch.

dit ce Pere, que tous les vices
& les défauts des hommes font
purifiés & corrigés. (*a*)

Saint Benoît prescrit la Lecture dans sa Régle, & l'ordonne fortement.

Tous les Fondateurs d'Ordres
& de Sociétés saintes, en ont
usé de même. C'est qu'ils con-
noissoient l'efficacité & l'utilité
infinie de la Lecture pieuse, par
rapport au Ciel & au salut, par
rapport à la piété & au Christianisme.

Enfin j'ai avancé que la Lecture des bons Livres rendoit
l'homme poli & honnête ; &
qu'elle corrigeoit, qu'elle per-
fectionnoit les maniéres. L'on
en conviendra aisément avec
moi, si l'on fait attention que
la Lecture des bons Livres, (je

(*a*) *Lectione uni-┐purgantur.* S. Amb
versâ hominum vitia ┘

comprends, fous ce terme, les
livres d'Hiftoire, de Belles-Lettres, de Civilité ; de même que
les Livres de piété & de fcience, dont j'ai déja parlé,) nous
met devant les yeux des exemples, & des traits admirables de
droiture, de générofité, d'honnêteté, de clémence, de douceur, de bonté : or, l'homme
eft naturellement porté à fe conformer dans fes maniéres de faire & de dire, à ce qu'il voit,
ou des yeux du corps, ou des
yeux de l'efprit. De plus, il eft
conftant que la lecture des livres d'Hiftoire, de Belles-Lettres, de Civilité, polit l'efprit,
& le remplit des loix & des préceptes du fçavoir vivre. L'efprit
ainfi poli, ainfi rempli, peut-il
ne pas polir lui-même, diriger,
& perfectionner les maniéres du

corps ? il eſt donc ſûr, il eſt décidé que la Lecture des bons livres, tels que ſont ceux de l'Hiſtoire, des Belles-Lettres.........
contribue beaucoup à rendre
l'homme poli, affable, honnête, officieux.

A l'occaſion de la Lecture
des bons livres, il me paroît
qu'il ne ſeroit pas hors d'œuvre
de dire deux mots de la Lecture des livres mauvais.

Les mauvais livres ſont les livres hérétiques ou impies. Les
livres de magie & de ſuperſti-
tions ; les livres d'amour & de
galanterie. Tout cela eſt mauvais, funeſte & contagieux. Lire de tels livres, c'eſt le moyen
trop ſûr & trop efficace de ſe
gâter l'eſprit & le cœur. C'eſt
le chemin qui conduit droit à
l'erreur, au menſonge, à l'impiété, à l'irréligion, à la vo-

lupté, à l'amour profane.

Le venin des esprits, ce font les livres où l'erreur est répandue. Le poison des cœurs, ce font les livres, où la volupté est louée, enseignée, & comme mise en art. La peste des esprits des cœurs, se font les livres, où l'athéisme & l'impiété font proposés & mis au jour : où la magie & la superstition font exposées & enseignées. Loin de nous des livres si détestables, si nuisibles, si funestes.

La plûpart des mauvais livres ont été proscrits & condamnés par l'Eglise, & par l'autorité séculiere : à nous d'obéir, & de nous laisser diriger dans nos lectures : C'est par-là que nous pourrons éviter les mauvais pas & les écueils.

Que les Romans & les Livres de galanterie ont causé de maux

maux dans le monde ! ſur-tout
chez les jeunes cœurs & les jeunes eſprits : Malheur aux Ecrivains de tels livres ; à quelles
fautes, à quels péchez ne parti-
cipent-ils pas ? Que les jeunes
gens qui aiment à lire ces ſortes
d'écrits, faſſent attention, que
le miel qu'ils y trouvent & qu'ils
y goûtent, ſe changera pour
eux en fiel & en abſynthe : &
qu'un jour le repentir amer prendra la place du plaiſir mince &
paſſager, qu'ils prennent dans
ces occupations, ou plutôt dans
ces paſſe-tems ſi indignes de
l'homme Chrétien.

Lire de bons livres, il n'eſt
rien de mieux. Lire de mauvais livres ; quelle ſource de
maux !

Il faut lire, il faut donner du
tems à la Lecture : Mais quel
tems faut-il employer à cette

Tome I.   Ii

louable occupation ? lire rarement & presque jamais ; c'est
un défaut & un écueil, en ce
fait, qu'on ne sçauroit trop éviter. Pourquoi ne pas faire va-
loir le talent que l'on a entre les
mains ? l'ouvrage n'est pas si difficile : c'est être ennemi de son
propre bien, que de se comporter de la sorte. On peut man-
ger, & on ne le fait point. On
peut voir, & on ferme les yeux.
On peut sçavoir, & l'on veut
être ignorant. Quel déregle-
ment ! lire trop, avec excès,
avec passion, & sans cesse ; autre écueil, qui est autant & peut-
être plus funeste que le premier.
L'excès de la lecture tend au
dégoût de la lecture même, ou
à la confusion des idées, ou à
la perte de la santé, ou même
du bon sens & de la raison.

(*a*) L'expérience eſt la preuve
ſenſible de toutes ces véritez.
Je ne cite qu'un fait qui regarde la confuſion des idées : il eſt
particulier dans ſon eſpéce.
Dans une grande Ville d'Italie,
un jeune homme ayant voulu
par oſtentation ſoutenir des theſes , *de omni ſcibili* ; ſur toutes
les matiéres , & ayant pour remplir ſa tâche , lû & étudié à l'infini. Qu'arriva-t-il ? il demeura
court dès l'entrée de ſes theſes :
il ne ſçût que dire : pour trop
ſçavoir il ne ſçût rien : la confuſion, le trouble, une eſpéce de
cahos entra dans ſon eſprit : il
devint muet, & pour trop vouloir faire , il ne fit rien du tout.
En rien nul excès. Il en eſt de
la lecture comme des alimens :
il ne faut pas ſe gorger ; il ne

(a) *Multæ te litte-* *vertunt.* Act. 26. 24.
ræ ad inſaniam con-

Ii ij

faut pas trop se remplir : si on le fait, l'esprit ne peut pas digerer, non plus que l'estomac. *Non multùm, sed benè.*

Il est bien des gens qui péchent dans la maniére de lire.

Il en est qui lisent sans ordre. Tantôt ils se saisissent d'un livre d'Histoire, tantôt d'un livre de Belles-Lettres ; aujourd'hui, ils sont d'humeur de lire des questions de Philosophie : demain, ils commenceront un traité de Théologie. Un livre, ils vous le prennent par le milieu, par la fin, par le commencement, selon leur fantaisie & leur caprice. De pareilles lectures ne rendent point sçavant. Elles influent peu à la piété. (*a*) Il faut d'ordinaire lire avec ordre, les idées en sont mieux suivies,

(*a*) *Fortuita, & | ficat. S. Bern. varia lectio non, ædi-*

mieux liées, & plus nettes.

Il en est d'autres qui lisent sans réflexion, ils avalent sans mâcher l'aliment qu'ils prennent ; pourra-t-il être digeré ? & s'il n'est pas digeré, profitera-t-il ?

D'autres lisent par pure curiosité ; ils mangent uniquement, parce qu'ils ont appétit. Conduite indigne d'un honnête-homme, qui doit agir par raison, plutôt que par inclination ; indigne à plus forte raison d'un Chrétien, qui doit épurer ses motifs dans le feu de l'amour divin.

Enfin, il est des personnes qui lisent par vanité pour se faire une réputation d'homme sçavant, pour briller dans les compagnies : Cette vûe est très-opposée à l'esprit de l'Evangile ; qui ne tend qu'à l'humilité & au mépris de la vaine gloire.

En deux mots, il eſt très-bon
& très-avantageux de vaquer à
la Lecture ; nous avons expoſé
ſes utilitez.

Mais le point eſſentiel conſiſte à bien faire ſes lectures, & à
lire de bons livres. En tout, la
maniére fait beaucoup.

Le Pere Romain ayant ceſſé
de parler, Madame la Marquiſe fut priée de nous dire quelque choſe ſur le ſujet de la Lecture ; on ne crût point lui
déplaire, attendu qu'elle ſe plait
fort à cet exercice de l'eſprit.
Elle répondit à l'Aſſemblée,
que le Révérend Pere avoit
épuiſé la matiére au point qu'il
n'avoit rien ou preſque rien laiſſé à dire : que cependant elle
feroit part à l'Aſſemblée de deux
ou trois penſées, qui lui naiſ-
ſoient dans l'eſprit ſur ce ſujet.

Les voici , ajouta-t-elle, en peu de mots.

Lorsqu'on est seul dans une campagne , qu'on s'y trouve privé de la douce satisfaction , qui naît de la société & de la Conversation avec d'honnêtes gens ; il est une grande ressource , un grand secret pour s'entretenir avec les personnes les plus méritantes : C'est de saisir les meilleurs livres de sa Bibliothéque , de les lire avec attention & avec réflexion ; pour lors il se fait, entre les Auteurs de ces livres & nous, une maniére d'entretien , qui occupe autant d'agrément que d'utilité ; l'Auteur nous parle par ses écrits, par son livre bon & moëleux ; nous lui parlons & nous lui répondons par nos réflexions sur ce qu'il nous expose : de même que par nos adhésions notre

confentement à ce qu'il nous
dit : C'eft ainfi que par la Lecture on s'entretient avec les plus
grands hommes ; morts , à la
vérité , dans leurs perfonnes ;
mais vivans dans leurs ouvrages,
dans leurs fçavans & beaux
Ecrits.

Les fermons , les difcours de
vive voix, font très-bons & très-
utiles, il faut en tomber d'accord ; mais dans un fens la Le-
&ture femble l'emporter en ce
point. Comment ? C'eft que la
Lecture fe peut faire plufieurs
fois de fuite fur la même matiére : Elle peut fe réïterer tant
que l'on veut : on peut lire &
relire un endroit touchant & pathétique , un endroit lumineux
& inftructif ; par ce moyen on
en retire tout le fruit poffible : au lieu que le difcours de
vive voix paffe avec rapidité ;

on

on ne redit plus la même chose ; les impreſſions qu'il fait ne
ſont pas d'ordinaire ſi profondes ; & l'attention qu'on y ap-
porte eſt plus bandée , plus gê-
née , plus fatiguante. Dans la Lecture , l'attention eſt plus libre ,
plus tranquille & plus mûre.
Dans la Lecture , on conçoit les
choſes , & on y réflechit à tête
repoſée. Dans la Lecture , on
ſe redreſſe & on ſe dirige à loiſir ſoi-même.

On s'inſtruit par le moyen
des entretiens & des Converſations , il eſt vrai , mais l'on ne
peut pas toujours avoir des perſonnes ſçavantes & éclairées,
vis-à-vis de ſoi , pour les interroger ; pour les écouter , pour
être décidé dans mille doutes
qui naiſſent. Par la voye de la
Lecture on s'inſtruit , on s'é-
claircit toutes les fois que l'on

Tome I.   K k

veut : on peut lire en tout tems,
en tout lieu , en toute faifon,
de nuit , de jour , dans la maifon du Seigneur, dans la chambre , étant affis ; en promenant,
en compagnie ; en particulier,
par-tout , ou prefque par-tout,
on peut lire ; mais on ne peut
pas par-tout converfer , parler,
s'entretenir. Que les pareffeux
en fait de Lecture , ont grand
tort de négliger un moyen fi
aifé , fi avantageux, fi efficace
pour devenir au même-tems,
fçavant , pieux , poli & honnête.

A peine Madame de Terre-
Neuve eût ceffé de parler, qu'on
pria le Pere Romain de nous
faire part de la Differtation fur
les Sciences du Pere de Ter-
naût, dont il nous avoit parlé
quelques momens auparavant :
il fe prêta volontiers à nos dé-

firs ; il nous lût cette piéce avec beaucoup de feu & de rapidité : la voici dans ſes propres termes ; elle n'eſt pas bien longue : nous remerciâmes fort le Pere, de la bonté qu'il avoit eu de nous en faire part.

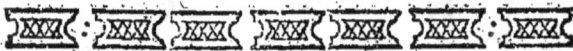

DISSERTATION

SUR

LES SCIENCES.

LEs Sciences * ſont les richeſſes de l'eſprit : elles ſont les joyaux précieux de l'entendement : elles ſont les ornemens fins, beaux & brillans de

* Toutes les belles & utiles connoiſſances, dont l'homme eſt capable, ſoit de Philoſophie, ſoit de Théologie, ſoit de Droit......... ſont ici compriſes, ſous le terme générique de Science.

Kk ij

cette ame fpirituelle & raifonnable, que le Ciel a daigné nous
accorder par préférence à tous
les Etres de ce vifible Univers.
Les Sciences font abfolument
néceffaires à l'homme mortel
par rapport aux différentes vûes,
& aux divers emplois qu'il doit
remplir : de même que la lumiére de gloire eft abfolument
néceffaire à l'homme immortel;
par rapport à la félicité parfaite,
qu'il ne fçauroit obtenir fans fon
aide, fans fon fecours.

La néceffité des Sciences eft
fi grande, que fans elles le
monde ne feroit compofé que
d'aveugles, qui tâtonneroient
fans ceffe, qui feroient fouvent
de faux pas, qui quitteroient
mille fois le bon chemin pour
en prendre de mauvais, qui feroient errans au gré des paffions,
des préjugez, des fauffes maxi-

mes : Ah ! quel cahos dans la
conduite humaine , fuppofé que
les Sciences fuffent bannies de
cette vallée de larmes , où nous
vivons ! le monde fans Sciences
ne pourroit-il pas être comparé
à une nuit obfcure , où tout eft
noir , incertain , dangereux ?
L'homme privé des Sciences ,
ne reffembleroit-il pas à un vaif-
feau fans Pilote & fans Gouver-
nail ; flottant à la merci des va-
gues , toujours en péril de faire
nauffrage , & de donner contre
les écueils ? L'homme , fans le
fecours des Sciences , feroit aujourd'hui le partifan de la vérité , demain l'ami du menfonge.
Les perplexitez , les fcrupules ,
les doutes bien fondez frappe-
roient fouvent fa raifon ignorante , & la feroient tomber
comme en défaillance , par la
vivacité du chagrin & de la tri-

K k iij

steffe qui naîtroient de fes difficultez indécifes. Ciel ! que deviendroit l'homme fans la
jouiffance & le fecours des
Sciences ! Mais graces en foit
rendues au Seigneur des Sciences, (a) l'homme n'eft pas privé de ce grand bien ; il mange
avec plaifir & fans craindre de
défobéir aux ordres du Créateur
du fruit de l'arbre de la Science du bien & du mal. Il connoît le vrai, il connoît le faux,
par rapport à mille différens
objets. Ses lumiéres ont une
hauteur, une profondeur, une
étendue qui jette dans l'étonne-
ment le plus férieux ; fur-tout
lorfqu'on lit & qu'on parcourt
les doctes écrits, les ouvrages
fçavans des grands génies de
l'antiquité & du fiécle préfent.

(a) Deus fcientia- [rem 7. 3.
rum Dominus eft. Je-

S'il est question des fruits, des avantages & des heureux effets des Sciences : quel détail ! quelle ample matiére !

Les Sciences banniffent de notre efpéce l'ignorance craffe & honteufe ; & elles rendent la nature humaine en quelque forte femblable à la nature angelique, dont les lumiéres font fi vives, fi claires & fi étendues. Au moyen des Sciences, les perfonnes doctes éclairent les ignorans, inftruifent les idiots, décident leurs doutes, dirigent leurs affaires, conduifent leurs deffeins ; & comme de petits foleils, ils brillent aux yeux de tous ceux qui les fixent, qui les approchent.

N'eft-ce pas par le moyen des Sciences que la jeuneffe ignorante devient éclairée, que les jeunes difciples deviennent d'ha-

biles maîtres ; & que les maîtres habiles font mille bons difciples ?

N'eft-ce pas par le moyen des
Sciences que le Philofophe apprend l'art de raifonner jufte ;
qu'il fonde les différens fecrets
de la nature ; qu'il en développe les caufes & les raifons ; qu'il
s'élève par l'échelle des créatures jufqu'à la connoiffance du
Créateur ; qu'il en démontre
l'exiftence ; qu'il en prouve l'u-
nité ; qu'il en expofe autant que
la foibleffe de l'efprit humain
peut le permettre, les attributs
adorables, les admirables perfections ?

Que ne pourroit-on pas dire
des fruits qui naiffent des Mathématiques, qui font des Sciences fi claires, fi certaines, fi fa-
tisfaifantes & fi multipliées ?
Combien de Traitez de Mathé-

matiques ? A quels usages ne servent-ils pas ? Les uns servent au négoce ; ils sont absolument nécessaires aux Commerçans : tels sont les Traitez de l'Arithmétique, de l'Algébre. Les autres sont bons pour l'armée, les gens de guerre ne sçauroient s'en passer : Tels sont les Traitez de Géometrie, des Fortifications. Ceux-ci servent à la solemnité des divins Offices ; telle est la Science de la Musique. Ceux-là sont infiniment utiles pour le transport de mille sortes de Marchandises nécessaires ; tels sont les Traitez fameux de l'Astrologie & de la Navigation. Je ne parle pas de bien d'autres Sciences, que les Professeurs des Mathématiques enseignent à leurs disciples, qui d'ordinaire y prennent beaucoup de goût, & qui dans la suite en profitent pour leur propre utilité, & pour celle des autres.

Que dirons-nous des fruits folides & importans que les Sciences Théologiques, que les connoiffances du Droit produifent parmi les hommes Chrétiens & civilifés ?

N'eft-ce pas par le moyen de ces Sciences fublimes & avantageufes que les faints Docteurs réfutent, & confondent les Hérétiques audacieux, qui déchirent le fein de la fainte Eglife notre mere ?

N'eft-ce pas par le moyen de ces mêmes Sciences, que les faints Conciles, fous la direction de l'Efprit Saint, anathématifent l'erreur ; qu'ils foutiennent fortement la vérité, & qu'ils préfervent par-là les Fidéles du funefte poifon de l'héréfie ?

N'eſt-ce pas auſſi par le ſecours
& les lumiéres des Sciences, &
des connoiſſances utiles, que
les Caſuiſtes décident conformément à la vérité, & avec pré-
ciſion, ce qui eſt péché, & ce
qui ne l'eſt pas. Ce qui eſt mal,
& ce qui eſt bien. Ce que l'on
doit rendre à Céſar par juſtice,
& ce qu'on peut lui retenir ſans
violer les loix de l'équité ?

N'eſt-ce pas par le même
moyen & par la même voye,
que l'habile Juriſconſulte donne
d'excellents conſeils ; que l'Avo-
cat fameux ſoutient de juſtes
cauſes avec ſuccès ; que le Juge
intégre & éclairé porte de juſtes
& équitables ſentences ; ſoit
dans le Civil, ſoit dans le Criminel ?

N'eſt-ce pas enfin par le
moyen des Sciences, priſes
dans le dernier ſens expoſé, que

les zélés Pasteurs de l'Eglise conduisent droit chemin leurs troupeaux : que les Directeurs des ames les menent au Ciel : Que les Ministres de la Divine parole sément dans le champ du souverain Pere de famille, du bon grain, & nullement de l'yvraïe ?

On ne finiroit point si l'on vouloit descendre dans tous les détails des biens & des fruits, que les Sciences & les beaux Arts produisent journellement, & dans toutes les saisons dans le monde.

Mais, dira-t-on, les Sciences enflent, selon le grand Apôtre : (a) Elles rendent vains & orgueilleux ceux qui les possédent. Pourquoi donc les tant exalter? & pourquoi tant de gens font-ils de si grands efforts pour s'en

(a) *Scientia inflat.* 1. Cor. 8. 1.

procurer la jouiſſance & l'acqui-
ſition?

Il faut tomber d'accord que
la Science enfle le cœur humain, outre que les divins Ora-
cles nous en aſſûrent, l'expérience trop ſenſible en ce point
ne nous permet pas d'en douter ; mais ſi la Science enfle ;
ce n'eſt pas par elle-même ; ce
n'eſt pas de ſa nature ; ce n'eſt
pas toujours, ni néceſſairement :
cela arrive par accident, & comme par ricochet ; par l'abus
qu'on en fait ; par la corruption
de notre nature ; par la malice
ou la foibleſſe des ſujets, dans
qui elle ſe trouve. L'homme,
hélas ! abuſe des meilleures choſes ; & il a le mauvais ſecret de
changer en venin, comme l'ar-
raignée, les choſes qui d'elles-
mêmes ſont bonnes, ou indiffé-
rentes. Triſte effet de la chûte

de notre premier Pere ; trifte
effet de notre malice , de notre
foibleffe , de notre penchant au
mal.

La Science n'eft pas conftamment mauvaife en elle-même &
dans fa nature. Hé ! Comment
le feroit-elle ? La Science , &
une Science infinie fe trouve en
Dieu , qui eft la fainteté même.
La Science , & une Science
éminente fe trouve dans les Anges, qui font fi purs & fi parfaits. La Science, & une Science relevée & fupérieure, fe trouve actuellement , & elle s'eft
trouvée dans les fiécles paffez,
dans les plus grands Saints,
dans les plus gens de bien : Dans
les Auguftins , dans les Ambroifes , dans les Gregoires , les
Leons , les Jerômes , les Bafi-
les, les Chryfoftômes , les Cy-
rilles, les Irenées , les Profpers,

les Ephrems , les Clymaques ,
les Hyncmars, les Gerfons , les
Baronius , les Bellarmins............
La Science n'eft donc pas (conféquence jufte) mauvaife dans fa
nature, elle n'eft pas funefte &
induifante au mal par elle-même , & de fon fonds, pour m'exprimer ainfi : que fi elle eft de tems
en tems fuivie de funeftes effets,
de fentimens d'orgueil , de vanité , d'ambition , ce n'eft que
par l'abus , & par la faute des
fujets où elle réfide. Ce n'eft
que par occafion , & non point
par une fuite & par un effet néceffaire. Le péché, qui eft effentiellement un défordre , eft
la caufe premiére de ce déréglement. Quel remede à ce
mal ? Quel antidote à ce poifon ? la charité. La Science enfle , dit l'Apôtre ; mais , ajoute-
t-il , la charité édifie : d'un cô-

té, (*a*) il nous fait appercevoir le mal ; de l'autre, il nous montre le remede. D'abord il nous fait voir l'écueil immédiatement après, il nous enseigne le moyen de l'éviter. Ce moyen, c'est d'unir aux lumiéres de la Science le feu de la charité ; c'est de marier l'amour divin avec les belles & utiles connoissances ; c'est de perfectionner le cœur par l'exercice des vertus, au même-tems que l'on perfectionne l'esprit, par l'acquisition de nouvelles lumiéres. C'est, en un mot, de s'efforcer d'être sçavamment pieux, & pieusement sçavant : pour parler dans les termes d'un des plus sçavans & des plus saints Docteurs de l'Eglise. (*b*) Avec cette sage pré-

(*a*) *Scientia inflat, charitas verò ædificat.* I. Cor. 8. I.

(*b*) *Scienter plus, & piè sciens.* Saint Aug.

caution.

caution, loin que la Science nous rende vains & orgueilleux ; elle contribuera au contraire à nous faire devenir plus humbles & plus modestes. Elle influera à l'accroissement de notre piété, loin d'en diminuer le progrès : au lieu de servir à notre perte, elle cooperera à notre sanctification : aussi l'on a remarqué, que les plus grands Docteurs ont été de grands Saints ; & que les personnes en qui la Science a brillé avec plus d'éclat, ont été douées d'une vertu & d'une piété singuliere.

Que suit-il de toutes ces réflexions ? il suit tout naturellement, que la Science est un vrai bien ; qu'elle est bonne ; qu'elle est estimable ; qu'elle est digne de la recherche des hommes ; que ceux qui malgré les obstacles & les difficultez, ten-

Tome I.   L l

dent efficacement à l'acquisition
des Sciences, méritent de louanges & de l'estime ; qu'il est bon
enfin, si l'on a des inférieurs de
leur procurer la jouissances des
Sciences. Ce sont-là des richesses & des facultez spirituelles,
qui sont d'un ordre très-supé-
rieur à celui des richesses tem-
porelles , & des biens de la
fortune. Ah ! qu'il est bon,
de procurer & de laisser
comme par héritage à ses
enfans les richesses de l'esprit,
les Sciences , les connoissances
avantageuses !

Pour parvenir à l'acquisition
des biens de l'esprit, des Sciences & des beaux Arts ; trois
moyens sont requis. La priere,
l'étude, la conversation. Oui,
pour devenir sçavant, il faut
prier le Pere des lumiéres de
nous éclairer : il faut supplier le

Maître des Sciences de nous en
faire part : Il faut conjurer l'Etre
suprême, qui eſt la ſource & le
principe de tous les biens, de
faire couler juſqu'à nous l'eau
précieuſe de la Science & de la
ſageſſe ; ainſi qu'il le fit autrefois
à l'égard de Salomon le plus
ſage des Rois, & cela dans le
degré qu'il plaira à ſa divine
bonté. Les Saints, ſinguliere-
ment ſaint Thomas l'Ange de
l'Ecole, ont tous tenu cette
louable conduite, & ils n'ont
pas eu lieu conſtamment de s'en
repentir. Leur eſprit en deve-
noit plus ouvert ; leur pénétration plus ſûre, & plus perçan-
te ; leur application plus forte,
& plus méritoire. Le Docteur
Angélique, qui étoit ſi éclairé,
fut prié dans une occaſion de
dire où il puiſoit tant de lumiéres : il fit ſigne, en ſe tournant

du côté d'un Crucifix, que c'é-
toit-là sa grande source. Saint
Bernard, saint Bonaventure, &
mille autres ne puisoient-ils pas
dans la même source intarissa-
ble ? Tout dépend de la bénédiction du Ciel, qu'il faut humblement demander.

Si à l'Oraison on refusoit de
joindre l'étude & le travail, on
tenteroit Dieu, on ne pourroit
que lui déplaire.

La Science infuse n'est pas
accordée à tout le monde : la
Science fut communiquée par
infusion, elle fut donnée par
pure libéralité au premier des
hommes, & au plus sage des Mo-
narques : A qui plus ? Qu'on
cherche ailleurs. Les Apôtres,
dira-t-on, assemblez dans le
Cenacle, avec la divine MARIE,
& les autres Disciples, ne reçu-
rent-ils pas tous, dans le grand

jour de la Pentecôte ; par infufion, & d'une maniére miracu-
leufe, la Science & les dons de
l'efprit, de même que ceux du
cœur, chacun felon la mefure
de graces & de faveurs qui lui
étoit deftinée ? On ne peut ré-
voquer en doute que les Apôtres, les autres Difciples, &
finguliérement la divine Mere,
n'ayent reçu d'une façon furnaturelle & toute admirable dans le
faint jour de la Pentecôte, des
lumiéres, des connoiffances,
des dons précieux du côté de
l'Efprit : En un mot, un accroif-
fement de fcience & de fageffe.
Mais il faut faire attention que
cette forte de fcience étoit toute célefte, toute divine, toute
furnaturelle ; au lieu que celle
dont il eft queftion dans ce difcours, étant prife dans un fens
plus étendu ; elle renferme les

Sciences naturelles & lurnatu-
relles dans leurs objets, qu'on
peut acquerir par les voyes ac-
coutumées & fans miracle. Or
c'eft de ces fortes de Sciences
que j'ai dit, qu'elles ne s'étoient
accordées par infufion qu'à A-
dam & à Salomon, du moins il
ne confte que de ces deux-là;
& fi, outre ceux-ci il y a eu
dans le monde une infinité d'autres fçavans, l'étude a été la
grande route qu'ils ont tenue,
pour parvenir aux Sciences, pour
devenir doctes & éclairez. Si nous
fouhaitons arriver au même but,
fervons-nous du même moyen:
fi nous défirons arriver au même terme, prenons le même
chemin; avec le fecours du Ciel,
que nous obtiendrons par la
priére, nous arriverons heureu-
fement: nous acquererons les
Sciences : nous deviendrons

éclairez : & quand même notre
esprit seroit des plus lents & des
plus tardifs ; si nous sommes fer-
mes dans la recherche de la vérité ; si nous sommes constans
dans nos études ; si nous conti-
nuons à travailler, à lire, à ré-
flechir : enfin nous enfoncerons
les retranchemens, nous péné-
trerons dans les difficultez ; notre esprit s'ouvrira, & le vrai
brillera à nos yeux. C'est ce qui
se voit souvent dans les autres ;
& c'est ce que plusieurs expéri-
mentent, & goûtent dans eux-
mêmes avec plaisir. L'étude,
l'étude, l'application, voilà le
grand moyen de sçavoir. Tous
ceux qui refusent de prendre ce
chemin, courent risque de s'é-
garer de leur but, que dis-je ;
ils veulent s'en égarer en effet,
& ils y réussissent. Ils demeu-
rent dans leur état d'ignorance.

parce qu'ils ont voulu demeurer dans leur état d'inaction & de paresse.

La Conversation sert encore beaucoup à l'acquisition des Sciences. Pour devenir sçavant & habile, il faut interroger les Maîtres dans l'art, il faut les écouter. Il faut chercher la lumiére où elle se trouve, & lorsque par l'organe de la parole, on la transmet jusqu'à nous; il faut la recevoir avec joie & avec action de graces. Il faut disputer avec les égaux, & par-là éguiser la pointe de l'esprit, afin qu'il entre mieux dans le nœud des difficultez, & qu'il pénétre plus avant dans les sombres obscuritez des matiéres. La pierre battue par la pierre, jette du feu; les esprits qui se battent, pour m'exprimer ainsi, qui s'entrechoquent par le moyen de la

dispute,

dispute ; mais d'une dispute honnête & modérée, jettent, si l'on
peut ainsi parler, feu & flamme.
Ils s'échauffent, ils s'animent,
ils éclatent, ils s'éclaircissent ré-
ciproquement leurs doutes ; ils
se décident mutuellement leurs
difficultez ; & les questions qui
font fur les bancs deviennent
par ce moyen plus aifées à débrouiller, & plus faciles à retenir : De-là l'ufage établi dans
tous les Colléges, dans toutes
les Univerfitez, de faire com-
battre les jeunes difciples entre eux avec le glaive de la langue, & des argumens ; de leur
faire foutenir des Théfes, en
particulier & en public ; des Théfes de mois, & de toute l'année ;
d'un feul Traité, & de tout un
Cours. L'émulation eft une fuite de la difpute : Or, une émulation louable, que n'opére-t-

Tome I.   M m

elle pas parmi les jeunes gens ?

La Science est une perle , & très - riche &
    très-belle ,
Qu'il est bon, & permis , sans nul crime
    d'avoir :
Mille biens précieux, mille fruits naissent
    d'elle ,
Le bien, le mal, le vrai, sans elle , on ne
    peut voir.

CONVERSATION IX.

L'Oraison.

Madame la MARQUISE.
Madame la BARONNE.
Madame de SAINT-EVREMONT.
Monsieur le COMMANDEUR.
M. le CHEVALIER.
MM.

L'ABBE' AU-VRAY.

J'Avois omis de vous dire, mon cher Théophile, que dans la derniére Conversation, il avoit été conclu & arrêté qu'on commenceroit celle-ci par quelques petites piéces de poëfie, que chacun donneroit, ou de fon fonds, ou de celui d'autrui. Ce qui avoit été conclu fut exécuté. Madame la Marquife fut la première qui parût fur les rangs, à la prière de Monfieur le Commandeur, qui n'obtint pas d'abord ce qu'il demandoit : Car Madame de Terre - Neuve fit bien des complimens fur ce premier pas, qu'on fouhaitoit qu'elle fit ; foutenant, que fon ouvrage étant le moindre, il ne lui convenoit pas de paroître le premier ; mais plutôt de fe cacher derriere les autres, & de leur ceder le pas. Monfieur de Richemont lui repliqua, que ce trait de modeftie faifoit fon éloge & celui de fon ouvrage, qu'il paroîtroit le premier fur la fcéne, s'il en étoit crû, & qu'il penfoit que toute l'Affemblée étoit du même avis. Elle fe rendit ; elle fe prêta aux vœux de Monfieur le Commandeur, en lui difant de bonne grace ce petit mot en paſſant : je le vois bien, Monſieur de Richemont, vous êtes notre Patriarche, on ne peut ſe défendre de vous obéir. Voici donc l'ouvrage de cette Dame.

LE VIEILLARD CADUC,
qui aime la vie.

STANCES.

De l'aimable jeuneſſe,
J'ignore les appas :
Je vis, je meurs ſans ceſſe ;
Je ſuis, & ne ſuis pas.

Des jours pleins de miſéres,
Je traîne, en me traînant :
Du tombeau de mes peres,
Je m'approche en tremblant.

Tout bas, la mort hydeuſe
Me dit, je ſuis à toi ;

Mm iij

Cette nouvelle affreuse,
Ciel ! me saisit d'effroi.

Encor un an de tréve,
Six mois, une saison,
Qu'au moins, ce mois j'achéve,
Tranquille en ma maison.

Parcours la terre & l'onde,
O mort ! laisse en repos,
Celui qui dans le monde,
Ne cause point de maux.

C'est ainsi que la vie
Tient au cœur d'un vieillard :
La mort : chacun la prie
De ne venir que tard.

Se moquant de prière,
Quand elle doit venir ;
Elle fait son affaire,
Et nous fait tous périr.
Le point ; c'est de tout faire,
Pour un jour bien mourir.

On trouva l'idée de Madame
la Marquiſe aſſez particuliére,
& remplie d'une façon qui ré-
pondoit au caractére de ſon génie, qui eſt vif, naturel & aiſé.
A vous, Monſieur le Commandeur, s'écria-t-elle, tout de ſuite ; je vous rejette la paume ;
il ne la refuſa pas ; il lût ſans délai un Sonnet fort édifiant , &
qui plût à l'Aſſemblée.

LES FAUX BIENS
de la Terre ;

ET LES VRAIS BIENS
du Ciel.

SONNET.

ENfin j'ouvre les yeux ; des faux biens de
la terre ,
J'apperçois le néant , & le vuide trom-
peur ;

Mm iiij

Qui d'eux attend la joie, en reçoit la douleur,
En y cherchant la paix, on rencontre la
guerre.

Leur durée est semblable à l'éclat du tonnerre,
Ce sont les ennemis du céleste bonheur ;
Ils frayent le chemin au souverain malheur ;
Non, non, ils n'auront plus le secret de
me plaire.

Aux richesses du Ciel, aspirer nuit &
jour,
Y borner mes désirs, y placer mon amour ;
De celles d'ici-bas, faire un saint sacrifice.

Acheter à ce prix cette félicité,
Qui donne le repos pendant l'éternité ;
Grand Dieu ! Ce sera là toute mon ava-
rice.

Après Monsieur le Comman-
deur, Monsieur le Chevalier son

neveu nous régala d'un joli Dizain ſur la jeuneſſe ; qu'il récita de mémoire, avec beaucoup de grace.

LA JEUNESSE.

DIZAIN.

L A jeuneſſe eſt la fleur de la vie ;
Elle eſt l'aurore de nos jours ;
C'eſt une perle, que la vieilleſſe envie ;
Mais des mains du vieillard, elle échappe
     toujours.
Cette aimable jeuneſſe
S'enfuit ſans ceſſe ;
A grand pas,
S'en vont ſes appas :
Mais tandis qu'elle fait avec nous ſa demeure ;
Fixons-là vers le Ciel juſqu'à la derniere
     heure.

En vérité, Monſieur le Che-

valier, s'écria le Pere Romain,
vous furprenés agréablement :
J'attendois de vous , mais non
pas tant. Monfieur le Commandeur fit pour lors un petit fourire,
& Monfieur le Chevalier ne répondit que par un modefte filence.

Ce Dizain fut fuivi de quelques Stances fur la Croix, que le
Révérend Pere nous récita avec
goût, avec fentimens.

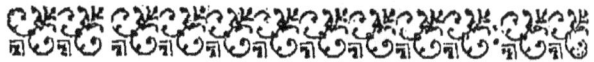

LA CROIX.

STANCES.

UN Dieu meurt fur la Croix , & la Croix
n'eft plus Croix ;
C'eft l'échelle des Cieux , le chemin de la
gloire ;
C'eft l'honneur des Chrétiens , c'eft l'orne-
ment des Rois ;

D'elle provient la paix, d'elle naît la victoire. (a)

Croix! je te vois par-tout sur les sacrés Autels,
Au palais, dans la hûte, aux champs & dans la ville;
Par-tout tu fais sentir ta présence aux mortels,
En leur causant un mal infiniment utile.

O Croix! aimable Croix, délices du Sauveur,
Jadis, tu fus pour l'homme un trop cruel martyre:
Aujourd'hui de ton sein découle la douceur:
Malheureux aujourd'hui, qui vers toi ne soupire.

C'en est fait, désormais, je laisse le Tabor;

(a) *In hoc signo vinces.*

Je veux couler mes jours sur le Mont du
    Calvaire;
J'y veux mourir en croix, pour de-là pren-
    dre essort,
Vers la sainte Sion, vers le céleste Pere.

Ces Stances furent goûtées.
Immédiatement après, Madame la Baronne de Roche-Colombe fournit son contingent;
qui ne fut pas trouvé mauvais;
mais à vous dire le vrai, je crois
qu'elle l'avoit emprunté; car
cette Dame n'a pas le talent d'é-
crire en vers.

L'AMOUR DIVIN.

SONNET.

IL est tems, rendez-vous mon cœur;
C'est trop aimer la créature:
Cherchez enfin le vrai bonheur,
En n'aimant que Dieu sans mesure.

Vous flétrissez comme une fleur,
Beauté que donne la nature ;
Non, pour vous, jamais plus d'ardeur,
Victime de la pourriture.

A vous j'aspire nuit & jour,
Source de biens, céleste amour,
Exercez sur moi votre empire.

Divin feu de la charité,
Vous ferez ma félicité,
En me causant un doux martyre. (a)

Madame de Saint-Evremont nous lût tout de suite de fort jolies Stances sur l'humilité chrétienne, nous lui en fîmes des complimens, elle y répondit sur le même ton.

(a) Sine dolore, non vivitur in amo- | re. Thom. à Kempis. Lib. 3. c. 5. n. 8.

L'HUMILITÉ.

STANCES.

Orgueil, je te déclare une éternelle
  guerre,
Ennemi du Seigneur, va-t'en dans les Enfers,
Pourquoi demeures-tu avec nous fur la
  terre ?
Tu n'es bon qu'à nous mettre en peine &
  dans les fers.

Vanité, je connois que l'orgueil eſt ton
  pere,
Vanité, je te haïs autant que je t'aimois;
Source de mille maux, de cent vices la
  mere,
Pourrois-tu fur mon cœur dominer déſor-
  mais ?

O belle humilité, de Dieu la bien-ai-
  mée,

Epouse des élûs, vous raviffez mon cœur;

De vos rares beautez, mon ame trop charmée,

Défire d'être à vous, pour être au Rédempteur.

    ❁

Souvent vous paroiffez , en ne voulant
   paroître ,

Et toujours vous plaifés , aux yeux mêmes
   hautains :

Malheur à qui ne veut, en foi vous donner l'être :

Heureux, qui vous produit dans fon cœur ,
   & fes mains !

    ❁

Vos fruits, Humilité , égalent vos doux
   charmes ;

Vous caufés mille biens , vous avez mille
   attraits :

De nous, vous banniffés le chagrin & les
   larmes :

Dans nous vous enfantez, & la joie & la
   paix.

L'eau fainte , qui defcend des céleftes
montagnes ,
S'arrête dans les lieux , où vous prenez plaifir ;
Que ce foient des Agnès ou de grands Char-
lemagnes ;
Elle remplit tous ceux qui vous ont fçû
choifir. (*a*)

Vous élevez au Ciel , vous revêtez de
gloire ;
Le riche & l'indigent , s'ils font de vos
amis ; —
C'eft l'Oracle divin , qui m'oblige à le
croire ;
A tout humble de cœur , l'empirée eft promis. (*b*)

Monfieur le Baron de Roque-
Pertuis , fit ce que les autres n'avoient pas encore fait ;
il nous lût fon ouvrage , &

(*a*) *Humilibus dat* | *exaltabitur.* Math.
gratiam. Jac. 4. 6. | 23. 12.
(*b*) *Qui fe humiliat*

de

de plus, il nous récita un beau
& brillant Sonnet, que son Pré-
cepteur lui avoit fait apprendre
à l'âge de dix à douze ans, com-
posé par Monsieur le Comte
d'Etelan, neveu de Monsieur le
Maréchal de Bassompiéres. Il
commença par son ouvrage,
dont la matiére étoit plus sérieu-
se, & infiniment plus importante.

LES FINS DERNIERES
de l'Homme.

STANCES.

MOrtels, il faut mourir, par le Juge-
ment suprême,
L'Arrêt en est porté.
Bien-tôt, n'en doutés point, au Trône de
Dieu même,
Il faut être cité.

Là, Prince & Potentat, Marquis, Baron,
& Comte,

Seigneur, comme Vassal;

Enfin Juste & Pécheur, tous doivent rendre
compte,

Et du bien & du mal.

❧

Péchez, vices, vertus, au poids du Sanc-
tuaire,

Tout y sera pesé.

Un clin d'œil suffira, pour finir cette affaire,

A Dieu tout est aisé.

❧

L'Enfer, l'horrible Enfer, du malheureux coupable,

Sera la portion.

L'Homme juste entrera dans la gloire ineffable,

De la sainte Sion.

LE MIROIR.

SONNET.

Miroir, Peintre & portrait, qui donne
& qui reçois,
Et qui porte, en tous lieux, avec toi mon
image;
Qui peux tout exprimer, excepté le langage;
Et pour être animé, n'as besoin que de
voix.

Tu peux seul me montrer, quand chez
toi je me vois,
Toutes mes passions peintes sur mon visage;
Tu suis d'un pas égal mon humeur & mon
âge,
Et dans leurs changemens, jamais ne te
déçois.

Les mains d'un artisan aux labeurs obsti-
nées ,

D'un pénible travail , font en plusieurs années ,

Un portrait qui ne peut ressembler qu'un
instant :.

Mais toi, Peintre brillant ,. d'un art ini-
mitable ,

Tu fais , sans nul effort, un ouvrage incon-
stant ,

Qui ressemble toujours, & n'est jamais semblable.

Ce petit Poëme fut fort du
goût de l'Assemblée ; Ce Sonnet fut trouvé beau , brillant ,
plein d'esprit. L'idée du Miroir,
qui en fait tout le fonds, donna
lieu à bien des pensées & des
réflexions morales ; dont l'une
fut , que le visage est le Miroir de
l'ame; que les passions y font d'ordinaire peintes au naturel : on a-

jouta, qu'il étoit éxtrêmement
important au bon Chrétien & à
l'honnête-homme, de bien com-
poſer ſa face, ſelon les loix de
la modeſtie, & d'une douce &
agréable affabilité.

L'Abbé Au-Vrai, mon cher
Théophile, donna pour ſa quotité quelques Stances ſur la Mort,
qui fûrent trouvées ſolides.

LA MORT.

STANCES.

L A Mort volé par-tout, de l'un à l'au-
    tre pole,
Elle vient, elle va, ſans jamais s'arrêter,
Nous ſommes tous marquez dans ſon fu-
    neſte rôle,
Bien-tôt elle eſt à nous, ſans pouvoir l'é-
    viter.

C'eſt en voleur ruſé qu'elle vient nous
　　ſurprendre ;

Sans mot dire, elle frappe, & l'on tombe
　　à l'inſtant ;

On diſparoît aux yeux, on eſt poudre, on
　　eſt cendre ;

Tel eſt, de tout mortel, le ſort humiliant.

❀

La Mort enleve tout : parens, amis, ri-
　　cheſſes,

Honneurs, plaiſirs, emplois, tous les biens
　　précieux ;

De ces biens ſi caducs, par de ſaintes lar-
　　geſſes,

Faiſons-nous des amis auprès du Roi des
　　Cieux.

❀

Un grand mal, c'eſt la Mort : mais la
　　mort imprévûe :

Un grand bien, c'eſt la Mort, que l'on a
　　ſçû prévoir :

Vers cet objet affreux portons ſouvent la
　　vûe ;

Si la Beauté suprême un jour nous voulons.
voir.

Je ne dis plus rien de ce qui
se dit touchant mes réflexions
sur la mort ; je dois là-dessus
garder un silence de modestie,
qui sied si bien à des Chrétiens,
dont la vertu première, seconde, troisiéme.........selon la pensée ingénieuse de saint Augustin, est l'aimable humilité. Dès
que nous eûmes tous débité notre petite marchandise en vers ;
Madame la Marquise prit la parole, & d'un air gracieux, elle
dit, en s'adressant à toute l'Assemblée, Messieurs & mes Dames, il me naît une plaisante &
drôle pensée, (pardonnez-moi
ce terme un peu trop naturel)
c'est de vous prier de terminer
ici cette Conversation ; & du
préambule, d'en faire la fin.

Deux raisons appuyent cette
pensée. L'une est, la longueur
du préambule, qui n'est pas petite. L'autre est, que dans la
prochaine Conversation, nous
prendrons une demi-heure de
plus, pour traiter à fond la matiére importante de l'Oraison,
sans nulle interruption causée
par des piéces de Poësie. Madame, repliqua Monsieur le
Commandeur, il sera difficile
d'achever cette matiére, qui est
très-vaste, dans une seule Con-
férence. Si on ne l'acheve pas,
reprit la Dame, on l'avancera
bien ; & à tout hazard, on prendra le parti de traiter ce sujet
plus d'une fois, si on le juge
ainsi à propos. Madame, trou-
veriez-vous bon, dit pour lors
le Pere Romain, que du moins
on lût dans cet entretien, qui
étoit destiné & comme consa-
cré

cré à l'Oraiſon , une piéce de
Poëſie ſur l'Oraiſon même , que
Monſieur le Chevalier de Co-
lombet , qui eſt fort de mes
amis , m'envoya la ſemaine derniére ? Je le veux bien , dit Madame de Terre-Neuve , j'y conſens volontiers , & cela vient
fort à propos ; puiſque par-là
nous entamerons la matiére de
l'Oraiſon , que nous nous étions
propoſé de traiter dans cette
Converſation , & pour parler
proverbe , nous ne ſauterons pas
tout-à-fait hors du cercle. Le
Révérend Pere voyant que Madame la Marquiſe , & avec elle
toute l'Aſſemblée agréoit la le-
ɛture de l'ouvrage d'eſprit qu'il
avoit propoſé , il le prit en main,
& il le lut en ces termes.

L'ORAISON.

Vers suivis.

L'Oraison fut toujours comme l'ame des
ames ;

C'est elle qui fait naître en nous ces saintes
flammes,

Qui rendent nos cœurs purs, consument
nos défauts :

Qui dirigent nos pas, & guérissent nos
maux :

L'Oraison est la source, & la mere féconde

De mille & mille biens, faits sur la terre &
l'onde ;

L'Oraison est un fort, c'est un rempart puissant,

Contre nos ennemis, sur-tout contre satan.

Elle est une clef d'or ; c'est l'échelle fameuse,

Qu'un Patriarche vit, dans la nuit téné-
breuse :

Clef, pour ouvrir les Cieux, échelle à y
 monter :

Clef sûre ; échelle forte, on ne doit en
 douter. (*a*)

Qu'on soit dans la langueur, dans les croix,
 dans les peines ;

Qu'on soit d'un vif chagrin pénétré jufqu'aux veines ;

Si l'on goûte du miel de l'aimable Oraifon ,

On recevra du Ciel des graces à foifon ;

La langueur, le chagrin , d'une prompte
 vîteffe

Se perdront dans le fond d'une fainte allé-
 greffe ;

La Croix deviendra douce , & bien loin de
 péfer ,

L'on portera fans peine , & d'un air tout
 aifé ,

Ce bois, qu'un Dieu Sauveur , pour cal-
 mer Dieu fon Pere ,

(*a*) *Omnis enim qui* | *& pulfanti aperietur.*
petit accipit. . . . . | Math. 7. 8.

O o ij

Jadis porta pour nous , fur le Mont du
  Calvaire.

L'Oraifon fait les Saints , & détruit les pécheurs ;

L'Oraifon réjouit , elle embeaume les
  cœurs :

C'eft elle qui remplit d'une onction célefte :

Par elle , on tend au Ciel , on méprife le
  refte.

Le Rédempteur Divin avant fa Paffion ,

De prier , nous donna la plus belle leçon :

La triftefle l'affiége , elle lui fait la guerre ;

Nos crimes , nos pechés le profternent par
  terre ,

Sa Paffion lui fait la plus fenfible horreur ;

L'intrépide devient tout faifi de frayeur.
    (a)

Quel parti prendra-t-il ? Par des larmes de
  fang ,

Par la voix , par le ton d'un humble fuppliant ,

Il s'adreffe à fon Pere , & trois fois il le
  prie ;

(a) Cœpit pavere , & tædere. Marc. 54. 33.

Sans nulle nonchalance , il conjure , il
    supplie :

Grand exemple pour nous , pécheurs , foi-
    bles mortels ,

De courir , de voler aux pieds de nos
    autels ;

D'y préfenter nos vœux , nos foûpirs , nos
    prieres ,

Pour attirer d'en-haut la grace & les lu-
    miéres ,

Dont , cent fois , nous avons befoin dans
    ces bas lieux ,

Pour arriver enfin au fuprême des Cieux.

Dans la fainte Maifon , l'on ne peut tou-
    jours être ;

Chez nous , même en public , il faut fou-
    vent paroître ;

Où que l'on foit , l'on peut fupplier l'E-
    ternel :

Par-tout l'on peut prier , le Monarque du
    Ciel.

Dans le fecret pourtant d'un pieux Ora-
    toire ,

Très-souvent demandons cette sainte victoire,

Qu'on remporte sur soi, sur satan, sur la
chair,

Sur le monde, & sur tout ce qui nous est
trop cher.

Demandons, supplions, mais dans l'humble posture

Du Publicain fameux, dont l'Evangile af-
sure;

Qu'il fut par sa demande agréable au Seigneur;

Et qu'il eut du pardon le précieux bonheur.

Unissons, fortement à l'Oraison cette aîle,

Qui la transporte en haut, que ferveur on
appelle;

Et lorsque l'indigent à nous aura recours,

Exauçons son désir, prêtons lui du secours:

J'ai dit de lui prêter ; oui, car sans trop
attendre,

Par les mains du grand Riche, il sçaura
nous le rendre:

Il offrira nos vœux, ils seront écoutez:

Mille biens nous naîtront , de quelques
    charitez.

Enfin pour bien prier , prions par l'entre-
    mife

De MARIE , & des Saints que révere l'E-
    glife ;

L'Orthodoxe fuivit ce chemin , en tout
    tems :

Qui veut s'en écarter , donne dans un faux
    fens.

Trop aimable Oraifon , foyez ma protec-
    trice ,

Faites que le Très-Haut me foit toujours
    propice ,

Je veux vivre & mourir avec vous défor-
    mais ;

Venez , je vous époufe , & vous aime à
    jamais.

Monfieur le Commandeur
après avoir dit ce qu'il penfoit
fur ces vers, & avoir remercié
le Pere, d'en avoir fait part à
l'Affemblée, dit, en fe levant,
que l'Abbé Oleron fon parent,

lui avoit envoyé depuis peu un Sonnet en Bouts-rimés, qui lui paroiſſoit beau & édifiant, à quoi nous répondîmes qu'il nous feroit un vrai plaiſir de nous en faire la lecture ; ce qu'il fit ſur le champ, étant tous debout, après quoi nous nous ſéparâmes.

LE PÊCHEUR

Oublieux de l'avenir & du ſalut.

SONNET.

LE Pêcheur, pour le Ciel plus lent que la . . . Tortue,
Vole pour devenir de l'enfer un.... charbon,
Jamais de l'avenir il ne ſoutient la...... vûe,
Il laiſſe tous ces ſoins à quelque vieux.........
            barbon.

Il plaindra quelque jour l'éternité......
            perdue,

Mais inutilement il changera de......... ton.
Sa superbe raison se verra. . . . confondue
Et ses crimes alors seront sans..... chaperon.

❀

Méditons à présent cette, . . philosophie,
Pour toute autre n'ayons que de. . . . . .
      .   .   .   . l'antipathie :
Cessons de voltiger comme le...... Rossignol

❀

Faisons sur tous nos sens exacte... sentinelle,
Vers la sainte Cité , fixons notre.... prunelle,
Pour y pouvoir un jour élever notre..... vol.

CONVERSATION X.

L'ORAISON.

Sa nécessité, son excellence, & ses fruits.

Madame la MARQUISE.
Madame la BARONNE.
Madame de SAINT-EVREMONT.
Le Révérend Pere ROMAIN.
Monsieur le COMMANDEUR.
MM. . . . .

L'ABBE' AU-VRAY.

LE Révérend Pere Romain ouvrit la conversation en ces termes : La matiere de l'O-raison est très-importante. Il ne faut rien oublier pour la traiter à fond. Il est vrai que le champ

eſt vaſte, qu'il eſt d'une étendue
ſurprenante : mais avec le ſecours de l'Oraiſon même, on
viendra à bout de tout. On par-
courra ce champ ; on le cultivera ; on atteindra au but. Mais
qui cultivera ce champ, s'écria
Madame la Marquiſe ? Madame, reprit le Pere, ce ſera
vous-même, ſi vous voulez bien
en prendre la peine, & nous
faire l'honneur de nous entretenir ſur ce noble ſujet. Vous êtes
par état & par vertu, mon Révérend Pere, homme d'Oraiſon, repliqua Madame de Terre-Neuve, ce ſeroit faire tort
à votre Révérence, que de lui
enlever l'occaſion de parler ſur
une matiére qui lui convient,
& qui lui ſied ſi bien. Madame, reprit le Pere, j'obéis à
vos ordres.

L'Oraiſon, à conſulter le terme Latin, n'eſt autre choſe, qu'une action, ou mouvement de la bouche : *Oratio*, *quaſi oris actio*..... Telle eſt l'idée ou l'étimologie du nom.

Quand on ouvre la bouche du cœur, par le moyen des déſirs, & des autres ſentimens, qui naiſſent des penſées pieuſes ; c'eſt pour lors une Oraiſon purement intérieure, purement ſpirituelle, qu'on nomme, en termes propres, l'Oraiſon mentale ou méditation. Lorſqu'on ouvre la bouche du corps, par la récitation des paroles, dont les Pſeaumes, les Hymnes & les autres différentes Formules de prieres ſont compoſées, en ce cas, l'Oraiſon ou la Priere eſt appellée vocale : ſi on la nomme ainſi, c'eſt qu'on s'y ſert de la voix, de la parole, ſouvent même du chant.

Veut-on une idée de l'Oraison plus juste & plus exacte ? Je la puise dans les beaux Ecrits de saint Jean Damascene, & dans la Somme fameuse de saint Thomas, l'Ange de l'Ecole.

L'Oraison considerée en général, prise universellement, est selon ces saints Docteurs, un mouvement de l'esprit vers le Créateur : une élévation de l'ame à Dieu : une application de l'entendement, une union du cœur à l'égard du Pere céleste. (a)

Que l'on prie mentalement, ou que l'on prie vocalement ; que l'on médite, ou que l'on récite des Pseaumes & des Hymnes ; que l'on fasse Oraison, ou que l'on célébre les saints Offices ; c'est toujours

(a) *Ascensus men-* | Thom. 2. 2. 9. 83. *tis, in Deum.* Saint | art. 1. Jean Damasc. Saint

une élévation de l'ame à fon
Dieu. C'eft toujours un rapport, un mouvement de l'efprit vers le Créateur : C'eft toujours une union, une relation
de l'Etre créé & dépendant,
avec l'Etre incréé, néceffaire &
indépendant. Cette idée convient à toutes les efpéces d'O-
raifon, elle peut s'appliquer à
toutes les manieres de prier.

Ces principes établis & fup-
pofés ; il eft de l'ordre de montrer
la néceffité de l'Oraifon : de faire
voir fon excellence, fa fubli-
mité, fes grandeurs : D'étaler fes
fruits, fes charmes, fon utilité.

L'Oraifon eft auffi importante & auffi néceffaire à l'homme
Chrétien, que les armes le font
au foldat : que les inftrumens le
font à l'ouvrier : que le gouver-
nail & les agrais le font au

Pilote & aux Matelots. Veillez
& priez , afin que vous n'en-
triez pas dans la tentation. (*a*)
Il faut toujours prier , & ne point
cesser de le faire. (*b*) Réfléchif-
fez, veillez, priez. (*c*) Jusqu'ici,
vous ne m'avez rien demandé,
demandez & vous recevrez. (*d*)
Telles sont les salutaires exhortations du Fils de Dieu à ses
Disciples ; & à nous, dans leurs
personnes. En conséquence de
ces divines exhortations, peut-on
douter de la nécessité de la priere ? Saint Thomas d'Aquin n'en
doutoit pas ; puisqu'il assûre,
qu'un Religieux sans l'Oraison ,

(*a*) *Vigilate & ora-*
te , ut non intretis in
tentationem. Math.
26. 41.
(*b*) *Oportet semper*
orare , & non deficc-
re. Luc. 18. 1.
(*c*) *Videte , vigila-*
te , & orate : quod
vobis dico , omnibus
dico. Marc. 13. 35.
(*d*) *Usque modò*
non petistis quid-
quam , petite & ac-
cipietis. Joan. 16.
24.

est un soldat sans armes, au
jour d'une bataille. Ne peut-on
pas en dire autant des simples
Chrétiens, toute proportion ob-
servée ? Saint Thomas de Ville-
Neuve n'en doutoit pas ; puisqu'il dit, que l'Oraison est à l'é-
gard de l'ame, ce que la chaleur naturel est à l'égard de l'estomac. Quoi de plus nécessaire, qu'une telle chaleur, sans
laquelle il ne se peut faire nulle
digestion, nulle fonction ani-
male ? L'homme de même, que
peut-il sans le puissant secours
de la Priere ?

Si nous refusons de remplir la loi
de la Priere, outre que nous déso-
béissons au Souverain Maître,
nous devenons les ennemis de notre éternelle félicité : la Priere
étant un moyen, non-seulement
très-propre, mais très-nécessaire
pour y parvenir, conformément

ment aux Ordres divins, & aux
céleftes arrangemens de la Providence. Ah ! Que les Chrétiens qui négligent la Priere font
à plaindre ! ou plutôt , qu'ils
font à blâmer & à punir ! Perfonne ne peut ici reculer, perfonne ne peut fe défendre de vaquer à l'Oraifon : non pas même les Rois & les plus grands
Princes. La Priere n'eft point
indigne d'eux : Loin de les dé-
grader, elle les releve, elle les
ennoblit davantage.

Quoi de plus noble, quoi
de plus excellent que la Priere !
Quoi de plus fublime, que l'O-
raifon ! La Priere, dit le grand
faint Chryfoftome, eft un faint
commerce avec Dieu ; un entretien, une converfation célefte avec le Créateur. (*a*) L'objet ou le terme de cette action

(*a*) *Commercium cum Deo.* S. Chryfoft.
Tome I.   P p

sainte , étant l'Etre suprême ,
l'Etre le plus grand , le plus
haut , le plus éminent qu'on
puisse concevoir : Comment l'a-
ction elle même pourroit - elle
n'être pas grande , relevée ,
excellente & sublime ? Une conversation secrete & particuliere
avec un Monarque , c'est dans
le monde un honneur envié &
des plus grands. L'Oraison, la
Priere, n'est-elle pas une conversation secréte & particuliere
de l'ame fidéle avec le Monarque de l'Univers , en présence
de qui tous les Rois de la terre disparoissent? Je ne parle pas
de la Priere publique & solem-
nelle , qui pour être telle , n'en
est pas moins grande , moins
sublime , moins relevée : elle
acquiert au contraire par sa solemnité de nouveaux dégrés de
dignité & d'excellence.

Loin d'avilir l'homme, l'O-
raison ennoblit tout l'homme.
Elle ennoblit son esprit par les
lumiéres sublimes qu'elle y ré-
pand. Elle ennoblit son cœur
par les sentimens grands & divins, dont il y est pénétré. Elle ennoblit son corps par les
prostrations, les humbles pos-
tures, le respect extérieur, la
vénération sensible, dont il est
l'organe & l'instrument, dans la
Priere. Ces sortes d'humilia-
tions religieuses, sont autant
de services rendus au Seigneur.
Or, selon la pensée du saint
Docteur d'Hyppone, il n'est
rien de plus glorieux, que de
servir le Très-Haut ; puisque,
selon ce grand Docteur, c'est
véritablement régner, que de
servir Dieu, & de lui rendre ses
hommages de Religion. (*a*).

(*a*) *Deo servire, regnare est.* S. Aug.

Anathême à ces impies mondains, qui rougiſſent de l'Oraiſon ; qui n'oſent la faire en public, avec humilité, & à deux genoux. Le moment arrivera, où leur orgueil ſera abaiſſé ; où leur impiété ſera punie, où leur irréligion ſera ſéverement châtiée, & hautement condamnée ; tandis que l'humble de cœur, qui prie ſon Créateur dans les ſentimens & la poſture du Publicain de l'Evangile, je veux dire, avec une humilité profonde, & avec un religieux reſpect, ſera exalté, loué, récompenſé.

Que dirai-je des fruits & des charmes de l'Oraiſon ? Mon Dieu ! que l'Oraiſon me paroît belle ! que ſes attraits ſont grands! que ſes charmes ſont raviſſans ! Qui pourroit ſe défendre de l'aimer ? Ses fruits ſont plus

doux que le fruit de l'abeille ;
ſes avantages ſont infinis ; ſon
utilité eſt exceſſive ; ſa force eſt
ſurprenante : Elle lie, (c'eſt la
penſée d'un Pere) le Tout-Puiſ-
ſant ; elle ſurmonte l'invincible.
(a) Elle enrichit les pauvres de
mille biens , elle leur procure
les biens du tems , & les biens
de l'éternité : les biens de l'a-
me , & les biens du corps : les
biens de l'eſprit, & les biens du
cœur. O que l'Oraiſon eſt avantageuſe ! Si les mondains le ſça-
voient ! ſi les libertins en étoient
convaincus ! Mais hélas ! ils ne
la connoiſſent pas , cette précieuſe Oraiſon ; doit-on en être
ſurpris , s'ils ne l'aiment pas ?
Ils ignorent ſon efficacité & ſes
fruits ; eſt-il étonnant qu'ils ne
l'eſtiment pas , qu'ils ne s'y at-

_____

(a) _Vincit invicibi-_ [_tentem._ S. Amb.
lem , ligat omnipo-

tachent pas ? Qu'on goûte feulement un peu du miel admirable qui en découle, bientôt l'on
ouvrira les yeux, l'on reprendra
fes efprits, comme un autre Jonathas ; on fera cas des vraies &
faintes maximes de l'Evangile ;
on méprifera les maximes erro-
nées du monde ; on fe détache-
ra des biens qui paffent, & l'on
portera fes vûes & fes prétentions du côté des richeffes &
des thréfors, dont la jouiffance
eft éternelle, & fans nul mé-
lange de peines, de foins, de
travaux.

L'Oraifon eft comme un
foyer facré, où le feu de l'a-
mour divin s'allume aifément,
& où il prend des accroiffe-
mens toujours nouveaux. C'eft
dans mes Oraifons de l'efprit,
dans mes contemplations, que
le feu facré s'allumera dans mon

cœur, (*a*) s'écrioit le Roi Prophete. N'est-ce pas au milieu
de leurs Oraisons & de leurs
contemplations sublimes , que
les Benoîts , les Romualds , les
François Xavier, les Stanislas
Goska , les Thérefes, les Cathe-
rines de Sienne , les Agnès de
Langeac , & mille autres Saints
& ames d'élites , goûtoient des
délices célestes , des confola-
tions divines & inexprimables ;
entroient dans des ravissemens ,
des extafes & des transports fur-
naturels ; où leur cœur nâgeoit
dans la joie , où ils étoient com-
blez des faveurs spirituelles ; où
ils étoient blessez des douces flé-
ches de l'amour divin ; où ils
étoient comme dans un paradis
terrestre , & comme admis dans
l'empirée ?

(*a*) *In meditatione* [Pf. 384.
meâ exardefcet ignis.]

N'eſt-ce pas dans l'Oraiſon, & par l'Oraiſon que l'on demande, & que l'on reçoit ; que l'on cherche & que l'on trouve ; que l'on frappe à la porte de la divine miſéricorde, & qu'elle nous eſt ouverte ? ſelon cet Oracle divin : Quiconque demande reçoit : quiconque cherche trouve : & l'on ouvre à celui qui frappe. (*a*) Oraiſon ſainte, que vous êtes fertile, que vous êtes efficace ! J'admire votre force, votre fécondité, & je ne puis que m'écrier ici en votre faveur : Hommes mortels, aimez l'Oraiſon ; vaquez à ce ſaint exercice ; priez aſſidûment ; & vous éprouverez par vous-même, que l'Oraiſon eſt un remède à tout mal ; un moyen à tou-

---

(*a*) *Omnis enim qui petit accipit ; qui quærit invenit, &* *pulſanti aperietur.* Math. 7. 8.

te choſe. Une reſſource à tous
beſoins ; un bouclier contre tous
les traits ; une épée contre toutes ſortes d'ennemis, une manne
à tout goût, un lenitif à toute
douleur, (*a*) un appui à toute
foibleſſe, une conſolation à tout
chagrin, un ſoulagement à toutes les croix. (*b*).

A toutes ces penſées en faveur
de la priére, je ne puis me défendre d'y ajoûter deux mor-
ceaux de bon goût, qui ſeront
pour la bonne bouche. L'un eſt
d'un Auteur ancien & fameux.
L'autre eſt d'un Ouvrage tout
récent, dont l'Auteur moderne,
par un effet de ſa modeſtie,
nous a caché ſon nom ſans pouvoir cependant nous voiler ſon
mérite. Je ne changerai rien,

(*a*) *Triſtatur ali-*
quis veſtrum, oret.
Jacob. 5. 13.

(*b*) *Memor fui Dei,*
& delectatus ſum.
Pſ. 6. 2.

Tome I. Q q

ni dans leurs expreſſions , ni dans leurs phraſes ; je les donne tels qu'ils ſont ; je les préſente au naturel, & ſi je puis uſer de ce terme, dans leurs propres vêtemens, qui ſont riches & beaux. Il me paroît à propos de commencer par le dernier.

La Priére après le S. Sacrifice de la Meſſe , eſt l'acte de la religion le plus excellent ; c'eſt un doux , & heureux commerce de la créature avec le Créateur; du ſujet avec ſon ſouverain; de l'homme avec Dieu. C'eſt un encens que nous brûlons ſur l'autel de nos cœurs dont la fumée s'éleve juſqu'au trône de Dieu, & ſe change enſuite en une roſée de miſericorde, *aſcendit oratio, & deſcendit Dei miſeratio.* (a) C'eſt-là , diſent les Peres , cette Clef d'or qui ouvre les tréſors du ciel; cette verge

(a) Saint Bernard.

de Moyfe, qui opére de fi grands prodiges, c'eft cette échelle miftérieufe de Jacob, par où nos foûpirs s'élevent vers le ciel, & en font defcendre fur la terre, les chofes les plus admirables : *afcendunt fufpiria, & defcendunt miracula.* C'eft la Priére, dit S. François de Sales, qui fait entrer notre efprit dans toute la lumiére de la divinité, & tient notre volonté expofée aux ardeurs du divin amour, il n'eft rien qui puiffe mieux diffiper les ténébres, dont le péché obfcurcit notre entendement, ni mieux purifier notre cœur de toutes nos affections dépravées. C'eft l'eau de bénédiction, qui doit fervir à laver nos ames de nos iniquités, à défaltérer nos cœurs, preffés par la foif de la cupidité, & à nourrir les premieres racines que la vertu y a jettées.

Q ij

Ce morceau eſt moëleux, ſatis-
faiſant, nourriſſant. Celui de ſaint
Jean Climaque, cet ancien Auteur que j'ai indiqué, ce célebre
Pere de la vie ſpirituelle, n'eſt
pas moins moëleux, ni moins
plein de ſuc; il eſt tout original,
il eſt tout à lui; le voici, tel qu'on
le lit dans le degré vingt-huitié-
me de ſon Echelle ſainte.

La Priere, étant conſidérée en
elle-même, eſt une familiarité
ſainte, & une union ſacrée de
l'homme avec Dieu; mais ſi on
la conſidére, ſelon l'efficace de
ſa vertu, & ſelon les effets qu'elle produit; c'eſt le ſoutien & la
conſervation du monde; la ré-
conciliation de l'homme avec
Dieu; la mere & la productrice
des larmes, & la fille des mêmes
larmes qu'elle a produites; la mé-
diatrice de la rémiſſion des of-
fenſes; le pont qui nous fait paſ-

fer avec fûreté le torrent des tentations ; le rempart contre les mi-
feres & les afflictions de cette
vie ; l'exterminatrice de tous nos
ennemis invifibles ; l'exercice des
Anges ; la manne fpirituelle qui
nourrit tous les efprits ; la joye
des bienheureux dans la félicité
de la vie future ; la Priere eft une
action du cœur qui fe renouvelle
fans ceffe , & qui ne finit jamais ;
c'eft le canal par lequel coulent
les graces & les dons du Ciel ;
c'eft un avancement infenfible
dans la vertu ; c'eft la nourriture
de l'ame ; c'eft la lumiere qui
éclaire les ténébres de l'efprit ;
c'eft la ruine du défefpoir ; c'eft
un effet & une marque de l'efpé-
rance qu'on a en Dieu ; c'eft le
banniffement de la trifteffe : la
Priere eft la richeffe des Religieux , le tréfor des Anacorétes ;
c'eft l'adouciffement de la cole-

re , & le miroir où l'on voit le progrès qu'on a fait dans la piété.

Voilà de beaux & de magnifiques éloges de la Priere , dit pour lors Monsieur le Commandeur , ce morceau est précieux. Il est digne de saint Jean Climaque , il est bien de son style. Je reconnois-là sa maniere d'écrire & de penser. Mille graces au Révérend Pere de nous en avoir fait part , aussi-bien que des autres pensées & réflexions édifiantes sur l'Oraison , qu'il a eu la bonté de nous communiquer.

Monsieur l'Abbé Au-Vray s'écria dans ce moment Madame la Marquise , il me paroît qu'il seroit fort à propos de prier quelqu'un de la Compagnie de faire un petit Ouvrage sur la maniere de prier. Tout le monde prie , mais tout le monde ne prie pas bien : on fait beaucoup de fau-

tes dans la priere ; on ne fait
pas ses Oraisons aussi parfaitement qu'on le devroit , à beaucoup près : il est à craindre que
là ou l'on devroit mériter , on ne
démerite : que là où l'on devroit
se perfectionner , l'on ne devien-
ne plus imparfait : que là où l'on
devroit uniquement plaire à Dieu,
on ne l'offense , & on ne lui dé-
plaise plus souvent & plus
griévement. Que je souhaiterois
lire un Ouvrage un peu foncier
& travaillé exactement sur cette
matiere. Je vois bien , Madame ,
lui dis-je alors , que vous jettez
une pierre dans mon jardin , &
que vous souhaitez que je m'ap-
plique à cet Ouvrage pieux, dont
je reconnois & je sens l'importance autant que vous ; je me
prête à vos désirs , je vais mettre
la main à l'œuvre, mais il me faut
quelques jours ; il me faut un cer-

tain tems pour bien fournir cette
tâche. Mon cher Abbé , reprit la
Marquise. vous aurez tout le tems.
que vous pouvez défirer. Nous.
voici à l'automne, où la cueillette
des fruits rappelle à la campagne ;
& où nous nous féparons pour
quelques femaines. Vous aurez ,.
à coup fûr , tout le tems qu'il vous.
faut : nous nous attendons à quelque chofe d'exact & d'inftructif.
de votre part. Madame , lui re-
pliquai-je , fi je ne remplis pas.
vos attentes & celles de l'Affemblée , ce ne fera pas la faute
de mon cœur , mais de mon.
génie & de mon peu de capacité : je réponds de mon zéle &
de mon application , mais non.
point de la réuffité : j'y ferai de.
mon mieux , c'eft tout ce que.
je puis promettre. Tout de fuite nous nous levâmes , & nous.
paffâmes , à la priere de Mada-

me la Marquife, dans un petit
falon fort agréable, où des petits oifeaux par leurs gazouïlle-
mens & leur chants mélodieux
fembloient nous faire politeffe,
& nous inviter à y entrer & à y
refter avec eux. Là nous trouvâmes l'utile & l'agréable. Une
table, où l'abondance, la délica-
teffe & la propreté fe trouvoient
parfaitement réunies, s'y offrit
d'abord à nos yeux. Madame
de Terre-Neuve nous pria fort
obligeamment d'inveftir la place, de l'attaquer, & d'y opérer
fortement : elle fut obéie, car
nous nous trouvâmes tous en
appétit. Après le deffert, elle
nous régala de deux petits Ouvrages de piété de fa façon, qui
montrent toujours plus fenfiblement que cette Dame fçait al-
lier une vraie & folide piété
avec une aimable politeffe. Ces

deux Ouvrages ont pour objet la charité divine, & la charité fraternelle.

LA DIVINE CHARITÉ.

SONNET.

Grand Dieu ! vous menacez d'un juste châtiment
Quiconque n'a pour vous que de l'indifférence :
Mais aussi vous payez l'amour bien largement,
Vous semblés épuiser toute votre puissance.

Le plaisir , ô mon Dieu ! qu'on goûte en vous aimant,
Ne devroit-il pas seul servir de récompense ?
Falloit-il pour aimer faire un commandement ?
N'étoit-ce pas assez d'en donner la licence ?

Qu'on m'arrache ce cœur, ſi par quelqu'autre objet;

Prodiguant ſon amour hors de vous, ſans
 ſujet;

Oſe, contre vos droits, aimer la créature.

Fixez tous mes déſirs, ô mon ſouverain
 bien!

Mon cœur brûle d'aimer, & d'aimer ſans
 meſure;

Ne pas vous donner tout, c'eſt ne vous
 donner rien.

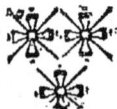

LA CHARITÉ FRATERNELLE.

QUATRAIN.

AH ! Qu'on déplaît à Dieu le plus tendre des peres ,
Quand pour ses chers enfans l'on n'a qu'un
cœur de fiel :
En aimant le Seigneur , aimons aussi nos
freres ;
La nature l'inspire , & c'est l'ordre du Ciel.

Fin du premier Tome.

ERRATA.

Page 9 , *ligne* 17 , *lisez* trahie.
Page 102 , *lig.* 1 . *lis.* sera.
Page 149 , *lig.* 20. *lis.* en eux-mêmes.
Page 365 , *lig.* 7. *lis.* elle trouveroit plus ai-
sément.
Page 383 , *lig.* 19. *lis.* avec autant d'agré-
ment.

www.ingramcontent.com/pod-product-compliance
Lightning Source LLC
Chambersburg PA
CBHW050546270326
41926CB00012B/1933